MAMAN LAPOINTE

propose
ses meilleures recettes
de
POISSONS ET CRUSTACÉS

Éditeurs:
LES ÉDITIONS LA PRESSE (1986)

Conception graphique:
DIANE GAGNÉ

Photographie de la couverture:
FOUR BY FIVE INC.

Tous droits réservés:
LES ÉDITIONS LA PRESSE, LTÉE
© Copyright, Ottawa, 1988

(Les Éditions La Presse [1986] sont une division de
Les Éditions La Presse, Ltée, 44, rue Saint-Antoine ouest,
Montréal H2Y 1J5)

Dépôt légal:
BIBLIOTHÈQUE NATIONALE DU QUÉBEC
1er trimestre 1988

ISBN 2-89043-229-7

1 2 3 4 5 6   93 92 91 90 89 88

MAMAN LAPOINTE

propose
ses meilleures recettes
de
POISSONS ET CRUSTACÉS

la presse

Remerciements

Suzanne P. Leclerc
Conseillère en alimentation
Ministère de l'Agriculture, des Pêcheries
et de l'Alimentation

Environnement Canada
Service des pêches
et des sciences de la mer

L'Association des pêcheries
de la Colombie-Britannique
(Jack Ferry & Associés)

Sommaire

Avant-propos

Manger «jeune» pour rester jeune,
nous assure Maman Lapointe

Le poisson devrait faire partie de tous les régimes alimentaires régulièrement, et plus d'une fois par semaine, que ce soit pour conserver sa taille ou l'amincir. Il existe au moins 69 variétés de poissons, et non moins de crustacés, dans l'Atlantique nord, sans parler de ceux du Pacifique, des lacs et des rivières.

Grâce à la rapidité des transports, les poissonniers ont maintenant pignon sur rue dans toutes les villes offrant à la clientèle toute la gamme de ces richesses d'eau douce ou salée.

Tout au long de sa carrière d'auteure de nombreux livres de recettes, de journaliste et de conseillère en alimentation, Maman Lapointe fut invitée à visiter de nombreux ports de pêche où on l'a initée à de multiples étapes précédant l'arrivée du poisson dans l'assiette du consommateur. De ces voyages, elle a gardé de nombreuses recettes pour les dévoiler dans ce nouveau livre exclusivement destiné à enrichir la qualité de nos repas. Des recettes comme elle les a toujours voulues, faciles et simplifiées, pour le plaisir des gens occupés et de ceux qui aspirent à devenir des hôtes des plus accueillants.

Maman Lapointe a maintenant l'âge de la sagesse avec l'allure beaucoup plus jeune que son âge lui donne et elle prétend elle-même que son secret pour rester jeune est de manger «jeune».

ISABELLE

Conseils

Le bon poisson

Oh! ces affreux bourrelets dont on prend conscience un beau matin! Le pire, c'est qu'ils ne s'en iront pas tout seuls. Il faut se mettre à compter les calories.

Le poisson et les fruits de mer, avec leur haute teneur en protéines et leur basse teneur en matières grasses, facilitent les choses à ceux ou celles qui veulent surveiller leur poids. Peu importe qu'on les choisisse frais, congelés ou en conserve.

...Le Canada est l'un des grands pays de pêche du monde. La facilité de s'approvisionner en poissons frais ou congelés permet de consommer une grande variété de plats de poisson. Le poisson fournit des protéines de digestion facile et peut donc entrer dans la composition de régimes spéciaux pour personnes âgées, invalides ou enfants en bas âge.

...Savoir cuire le poisson... Lorsque le poisson a été décongelé, il faut le cuire immédiatement. Ne jamais recongeler le poisson décongelé, car, autrement, sa qualité vous décevrait.

...Pour estimer le temps de cuisson nécessaire, que le poisson soit entier, en darnes ou en filets, il faut suivre la règle suivante, c'est-à-dire mesurer l'épaisseur du poisson à l'endroit le plus épais. Pour le poisson frais, cuire 10 minutes par 2,5 cm (1 po) d'épaisseur; pour le poisson congelé, cuire 20 minutes par 2,5 cm (1 po) d'épaisseur. Il faut cuire le poisson jusqu'à ce que la chair devienne opaque et s'effeuille facilement à la fourchette. C'est l'indice que le poisson est cuit à point.

...La morue, ou le cabillaud, peut s'apprêter de presque toutes les façons. Les filets de poissons blancs peuvent s'apprêter comme la sole, de même que le saint-pierre ; on peut utiliser celui-ci dans la bouillabaisse.

...Entreposage du poisson frais.

Retirer de l'emballage initial. Essuyer avec un linge humide. Si le poisson est entier, le laver et bien l'assécher. Envelopper dans du papier ciré et placer dans un contenant hermétique. Réfrigérer immédiatement à 1°C ou 2°C (34°F à 36°F) pour une période n'excédant pas deux ou trois jours. Pour un entreposage prolongé, congeler immédiatement.

...Entreposage des fruits de mer frais.

Retirer de leur emballage initial. Envelopper les homards et les crabes vivants dans du papier journal humide et réfrigérer quelques heures seulement.

Mettre les palourdes, les moules et les bigorneaux frais dans un contenant recouvert d'un linge humide et réfrigérer trois jours au plus.

Placer les huîtres fraîches dans un contenant recouvert d'un linge humide et réfrigérer six semaines au plus.

Mettre les pétoncles et les crevettes, frais ou cuits, dans un contenant fermé et réfrigérer deux jours au plus.

Entreposer à 1°C ou 2°C (34°F à 36°F).

...Ne jamais laver les filets, les essuyer avec un linge humide. Il n'y a que dans les recettes pour friture que l'on doit décongeler complètement le poisson.

...Comment le cuire

Au four: chauffer le four au préalable. Badigeonner d'huile le poisson frais ou congelé ; le placer dans un plat beurré. L'assaisonner et le cuire au centre du four à 230°C (450°F).

Au gril : beurrer la plaque à griller. Badigeonner le poisson de beurre fondu. Faire griller le poisson frais à une distance de 5 cm à 10 cm (2 po à 4 po) de la chaleur et les morceaux de poisson congelés, à 15 cm (6 po) de la chaleur. Laisser la porte du four partiellement ouverte. Au milieu de la cuisson, assaisonner et tourner les morceaux épais. Badigeonner de nouveau et terminer la cuisson.

Friture à la poêle : tremper dans du lait et un oeuf battu, puis enrober de farine assaisonnée. Frire des deux côtés dans 3 mm (⅛ po) d'huile à friture. On peut combiner huile et beurre. Toutefois, le poisson est plus moelleux cuit dans la graisse de lard.

À la vapeur au four : placer le poisson frais ou congelé sur une feuille d'aluminium beurrée. Assaisonner, ajouter du jus de citron et des noisettes de beurre. Bien l'envelopper. Le placer sur une tôle à biscuits ou autre plat allant au four.

Cuire au centre du four à 230°C (450°F) pour la durée recommandée. Augmenter la durée de cuisson de 5 minutes pour le poisson frais et de 10 minutes pour le poisson congelé.

Pochage : placer le poisson sur une feuille d'aluminium épaisse, beurrée. Assaisonner et ajouter des oignons et du céleri hachés. Pour rendre le contenant imperméable, utiliser une double épaisseur de papier d'aluminium.

Placer dans l'eau bouillante, à gros bouillons, couvrir la casserole ; réduire à feu moyen et laisser mijoter.

Friture dans la graisse: saler chaque portion, et enrober de pâte ou comme pour la friture à la poêle.

Pour la friture en pâte, verser 500 mL (2 tasses) d'huile dans une casserole de 1,5 L (6 tasses); on devra chauffer l'huile à une température maximale de 190°C (375°F).

Frire le poisson de 1,25 cm (½ po) ou moins d'épaisseur, dans la pâte, au moins 3 minutes.

Fines herbes, aromates et condiments pour fruits de mer

ail	■ homard, pétoncles, crevettes, ragoûts
aneth	■ poissons blancs
basilic	■ bouillon, sauce pour fruits de mer
ciboulette	■ tous les poissons
fenouil	■ poissons, bouillon de poissons
laurier	■ poissons, bouillon de poissons
marjolaine	■ poissons grillés, friture, farces
échalote	■ moules, huîtres, poisson grillé
estragon	■ farce et marinade pour brochettes
persil	■ tous les poissons
origan	■ poissons grillés, crevettes, homard
romarin	■ truites, poissons grillés ou pochés
sauge	■ beurre à la sauge pour badigeonner les darnes de poisson à griller
thym	■ poissons, beurre aromatisé au thym pour servir avec poissons grillés et saumon frais
safran	■ bouillabaisse
poivre, paprika	■ tous les poissons

Recettes

Aiglefin à la crème

680	g	(1½ lb) de filets d'aiglefin
500	mL	(2 tasses) de lait froid
2		c. à soupe de beurre
250	mL	(1 tasse) de crème 35%
¼		c. à thé de sel
		poivre frais moulu
2		oeufs cuits dur, hachés
		persil frais, haché
		pommes de terre nouvelles
		quartiers de citron

Disposer les filets dans une casserole et les recouvrir avec le lait froid. Mettre la casserole sur le feu et laisser pocher 15 minutes dans le lait.

Dans une autre casserole, faire fondre le beurre et ajouter la crème, sans laisser bouillir. Assaisonner et ajouter les oeufs hachés à la sauce.

Égoutter le poisson et recouvrir de la sauce chaude. Garnir avec du persil frais, haché. Servir ce plat de poisson avec des pommes de terre nouvelles et un quartier de citron.

Matelote d'anguille

1 kg	(2 lb) d'anguille
½	tasse d'oignon blanc, haché
¼	tasse de beurre
2	tasses de pommes de terre crues, coupées en dés
2	tasses de carottes crues, coupées en rondelles
½	tasse de céleri, haché
¼	tasse de riz blanc, non cuit
2	c. à thé de sel
⅛	c. à thé de poivre

Faire dépouiller l'anguille, enlever la grande arête et faire tronçonner en morceaux de 3½ cm (1½ po) d'épaisseur par le poissonnier. Faire dégorger 10 minutes dans 1 L (4 tasses) d'eau très froide, additionnée de 2 c. à thé de sel et du jus d'un citron. Égoutter. Faire attendrir l'oignon dans le beurre, ajouter le reste des ingrédients et couvrir d'eau bouillante. Faire mijoter jusqu'à ce que les légumes deviennent tendres. *Pour 6 personnes*

NOTE : On peut remplacer l'eau bouillante par une quantité équivalente de vin blanc sec, par exemple, 250 mL (1 tasse) d'eau bouillante par 250 mL (1 tasse) de vin blanc sec.

Bar ou loup de mer au four

1	loup de mer de 1,3 kg à 2,2 kg (3 lb à 5 lb)
	persil frais, haché
1	citron, tranché mince
	beurre
	farine
	noisettes de beurre
	sel et poivre
1	gousse d'ail frais
	chapelure
85 mL	(⅓ tasse) de lait

Bien nettoyer le poisson et farcir l'intérieur de persil et de quelques fines tranches de citron.

Beurrer un plat allant au four et foncer d'une feuille de papier d'aluminium assez grande pour recouvrir en partie le poisson.

Passer le poisson dans la farine et le placer dans le papier d'aluminium. Parsemer généreusement de noisettes de beurre, saler légèrement, poivrer et assaisonner d'une gousse d'ail écrasée. Saupoudrer de chapelure et replier un peu le papier, en laissant une ouverture.

Cuire au four à 200°C (400°F), 10 minutes, puis ajouter le lait et continuer à cuire au four pendant 20 minutes en refermant un peu plus le papier d'aluminium.

Filets de bar aux tomates

1 kg	(2 lb) de filets de bar (peau enlevée)
1 kg	(2 lb) de tomates fraîches
2	c. à soupe d'huile d'olive
1	pincée de thym
12	olives noires, dénoyautées
	sel et poivre

Peler et broyer les tomates. Combiner l'huile, les tomates, le thym et les olives dans un plat allant au four. Saler et poivrer. Couvrir avec les filets de bar placés très près l'un de l'autre. Cuire quelques minutes dans un four préchauffé à 220°C (425°F). Servir immédiatement.

Loup de mer au fenouil

1   loup de mer de 1,3 kg à 2,2 kg (3 lb à 5 lb)
           fenouil
           sel et poivre
           beurre
           pastis, au goût

Bien nettoyer le loup de mer et le farcir de fenouil. Assaisonner de sel et de poivre. Placer le poisson entier sur une tôle légèrement beurrée et cuire à 180°C (350°F), au four, de 25 à 30 minutes.

Arroser de pastis réchauffé au moment de servir et flamber.

Servir avec du beurre fondu dans une saucière à part.

Brochet au beurre blanc

1	petit brochet de 1 kg (2 lb)
	court-bouillon (maison ou du commerce)

Beurre blanc

1	c. à soupe de vinaigre
2	oignons verts, hachés
1	c. à soupe d'eau chaude
¼	tasse de beurre

Faire cuire un petit brochet dans un court-bouillon. Préparer la sauce. Dans une petite casserole, faire bouillir à feu doux le vinaigre avec les oignons verts. Laisser évaporer le vinaigre. Ajouter l'eau chaude et le beurre en brassant sans arrêt. Le beurre s'émulsionne et devient blanc. Servir sur le brochet.

Brochettes de poisson à l'orientale

227 g	(½ lb) de filets d'aiglefin, frais ou décongelés
227 g	(½ lb) de filets de saumon, frais ou décongelés
75 mL	(¼ tasse) de sauce soya
75 mL	(¼ tasse) d'huile végétale
2	c. à soupe de sherry ou saké
1	gousse d'ail, écrasée
¼	c. à thé de gingembre
1	c. à soupe de cassonade
1½	c. à thé de zeste d'orange râpé

Couper les filets en gros morceaux ou en lanières. Dans un grand bol, bien mélanger le reste des ingrédients. Verser sur le poisson. Mariner 3 heures au réfrigérateur ou 1 heure à la température de la pièce, en tournant les morceaux une fois. Enfiler sur des brochettes huilées. Déposer sur le barbecue à 10 cm (4 po) du feu. Griller 2 minutes, arroser de marinade et tourner. Griller de 2 à 3 minutes ou jusqu'à ce que la chair soit opaque et s'effeuille facilement.

Griller les brochettes au four en augmentant le temps de cuisson, environ 10 minutes, et la distance de l'élément, soit à 15 cm (6 po). *Pour 4 personnes*

Carrelet farci « Clipper clay »

454	g	(1 lb) de carrelet, congelé ou décongelé
227	g	(½ lb) de crevettes avec écailles
250	mL	(1 tasse) d'eau
2		c. à soupe de beurre
¼		c. à thé de sel
½		c. à thé de jus de citron
1		tasse de farine
2		jaunes d'oeufs

Liquide pour pocher

3		c. à soupe de beurre
½		carotte, tranchée
1		oignon, tranché
		écailles de crevettes
250	mL	(1 tasse) de jus de palourdes
250	mL	(1 tasse) de vin blanc
250	mL	(1 tasse) d'eau
¼		tasse de persil, haché
1		feuille de laurier

Rincer les filets et bien essuyer. Peler et enlever la veine des crevettes, en grattant les écailles pour pocher.

Placer les crevettes crues dans le mélangeur électrique avec l'eau et remuer jusqu'à ce que le tout soit finement haché. Égoutter en réservant l'eau.

Combiner le beurre, le sel, l'eau réservée et le jus de citron dans une petite casserole et amener à ébullition. Retirer de la chaleur et ajouter la farine, brasser vivement, cuire 5 minutes, ajouter les jaunes d'oeufs et les crevettes. Réfrigérer.

Pendant ce temps, préparer le liquide pour pocher. Dans une casserole moyenne, faire revenir les morceaux de carotte et l'oignon dans le beurre. Ajouter les écailles et tourner jusqu'à ce que le tout devienne rouge.

Ajouter le reste des ingrédients et faire mijoter 30 minutes. Égoutter et verser le liquide dans une grande poêle à frire.

Retirer le mélange de crevettes du réfrigérateur, verser sur une surface enfarinée en mélangeant délicatement et rouler. Couper en 6 portions égales.

Diviser les filets en 6 portions, placer un rouleau sur le filet, rouler délicatement et fixer avec des cure-dents, si cela est nécessaire. Placer délicatement dans le liquide bouillant, couvrir et mijoter de 15 à 18 minutes. Servir avec une sauce hollandaise.

Sauce hollandaise

3	jaunes d'oeufs
1	c. à soupe de jus de citron
⅛	c. à thé de sel
1	pincée de poivre de cayenne
250 g	(¼ lb) de beurre

Placer les jaunes d'oeufs, le jus de citron, le sel et le poivre dans le mélangeur électrique et remuer 30 secondes. Faire fondre le beurre jusqu'à ce qu'il soit bouillant. Baisser la vitesse du mélangeur au minimum et y verser le beurre lentement, jusqu'à épaississement. Servir immédiatement. *Pour 6 personnes*

Coquilles aux fruits de mer

454	g	(1 lb) de pétoncles
227	g	(½ lb) de filets de sole ou aiglefin
2		c. à soupe de beurre
¼		tasse d'oignon, haché
½		tasse de céleri, haché
1		tasse de champignons, tranchés
¼		tasse de beurre
¼		tasse de farine
500	mL	(2 tasses) de lait
½		c. à thé de sel
1		tasse de chapelure
¼		tasse de fromage râpé (gruyère ou parmesan)

Saler les pétoncles, les séparer les uns des autres. Dans un poêlon, faire fondre les 2 c. à soupe de beurre et y faire revenir les oignons, le céleri et les champignons pendant environ 10 minutes.

Faire une béchamel avec ¼ de tasse de beurre, la farine et le lait.

Lorsque la sauce aura la consistance voulue, ajouter les pétoncles, les petits morceaux de filets de poisson et les légumes revenus dans le beurre. Assaisonner et laisser refroidir. Beurrer vos coquilles, y déposer une cuillerée à soupe ou plus du mélange, selon la taille de vos coquilles. Saupoudrer de chapelure et garnir de noisettes de beurre et de fromage râpé.

Cuire au four à 200°C (400°F), environ 25 minutes. Servir aussitôt.

Court-bouillon

1,25 L	(5 tasses) d'eau froide
1	carotte, coupée en rondelles
1	oignon, coupé en rondelles
1	clou de girofle
	quelques feuilles de céleri
1	petite feuille de laurier
½	citron, coupé en rondelles, *ou* 2 c. à soupe de vinaigre, *ou* 125 mL (½ tasse) de vin blanc sec
	sel et poivre

Mettre tous les ingrédients dans l'eau froide, chauffer et laisser mijoter, couvert, pendant 25 minutes. Refroidir avant de pocher le poisson.

Bisque de crabe

227 g	(½ lb) de chair de crabe
125 mL	(½ tasse) de sherry
1	boîte de soupe aux tomates (284 mL/10 oz)
1	boîte de soupe aux pois verts (284 mL/10 oz)
325 mL	(1¼ tasse) de crème 15%
½	c. à thé de poudre de cari
	persil frais, haché

Mariner le crabe 30 minutes dans le sherry. Dans une casserole, mélanger la crème, les soupes et le cari. Réchauffer en brassant sans laisser bouillir. Ajouter le crabe et le sherry et bien réchauffer. Servir immédiatement, décorer de persil frais, haché. *Pour 6 personnes.*

Comment cuire le crabe

Prendre les crabes vivants et les jeter dans de l'eau bouillante salée ou de l'eau salée naturelle, cuire 20 minutes.

Après ce temps, les retirer de l'eau et les laisser refroidir. Craquer le corps, nettoyer l'intérieur.

Canapés au crabe

pâte de crabe en boîte (113 mL/4 oz)
mayonnaise
pain frais
fromage râpé (gruyère ou cheddar)

Mélanger la pâte de crabe avec la mayonnaise ; étendre sur le pain et couper suivant votre fantaisie. Couvrir de fromage râpé et mettre au gril 5 minutes ou jusqu'à ce que le fromage soit fondu.

Crêpes farcies au crabe

Crêpes

2	oeufs
¾	tasse de farine
½	c. à thé de sel
250 mL	(1 tasse) de lait homogénéisé

Dans un bol, battre les oeufs à la fourchette pour les mousser, ajouter la farine et le sel et verser graduellement le lait. Lorsque le tout est bien mélangé, couvrir et réfrigérer. Verser 3 c. à soupe du mélange dans une poêle à crêpes de taille moyenne légèrement huilée ou graissée. Dorer des deux côtés.

Remplissage

½	tasse d'oignon vert, haché
113 g	(¼ lb) de champignons, coupés en tranches fines
¼	tasse de beurre ou de margarine
3	c. à soupe de farine
¼	c. à thé de thym
¼	c. à thé de sel
250 mL	(½ tasse) de lait homogénéisé
250 mL	(½ tasse) de bouillon de poulet
250 mL	(½ tasse) de vin blanc sec
170 g	(6 oz) de chair de crabe
⅓	tasse de persil frais, haché
⅓	tasse de chapelure

Faire revenir dans le beurre l'oignon et les champignons jusqu'à ce qu'ils soient transparents. Ajouter la farine et les assaisonnements. Ajouter le lait sans cesser de brasser. Ajouter le bouillon et le vin et brasser jusqu'à épaississement. Ajouter le crabe, le persil et la chapelure.

Verser 250 mL (½ tasse) de sauce dans chaque crêpe et rouler. Verser le reste de la sauce sur les crêpes roulées. Réchauffer au four 10 minutes à 180°C (350°F).

Coquilles farcies
au crabe des neiges

2	tasses de crabe des neiges, congelé ou en conserve
1	oignon moyen, haché
1	petite échalote française
1	petit poivron vert, haché
6	tranches de pain sans les croûtes, trempées dans un peu de lait et égouttées
3	c. à soupe de beurre
1	c. à thé de sauce Worcestershire
1	pincée de thym
2	c. à soupe de pâte de tomate
	sel et poivre
	chapelure

Égoutter le crabe des neiges. Passer au mélangeur électrique le crabe, l'oignon, l'échalote, le poivron et le pain. Dans une poêle, faire sauter légèrement ce mélange dans le beurre. Puis ajouter la sauce Worcestershire, le thym, la pâte de tomate ; saler et poivrer.

Beurrer légèrement des coquilles, les remplir avec la préparation de crabe, saupoudrer de chapelure, parsemer de quelques noisettes de beurre et passer sous le gril jusqu'à ce que le tout soit doré. *Pour 6 personnes*

Crabe des neiges à l'avocat

1	gros *ou* 2 petits avocats, pelés et coupés en petits dés
227 g	(½ lb) de crabe des neiges
2	c. à soupe de jus de citron
2	c. à soupe de ciboulette, hachée
1	tomate pelée, épépinée et coupée en dés

Égoutter le crabe, le défaire à la fourchette, conserver quelques morceaux de pattes. Préparer l'avocat et l'arroser avec le jus de citron. Mêler délicatement tous les ingrédients.

Sauce

125 mL	(½ tasse) de mayonnaise
1	c. à soupe de raifort
2	c. à soupe de sauce chili
1	pincée de cayenne
	sel, poivre et paprika

Mélanger tous les ingrédients, sauf le paprika. Napper la préparation de cette sauce. Saupoudrer de paprika, décorer avec des morceaux de pattes. Présenter sur une feuille de laitue ou une coquille. *Pour 6 personnes*

Potage au crabe

3	oignons verts
	quelques feuilles de céleri
1	poignée de persil frais
2	c. à soupe de beurre
340 g	(12 oz) de crabe des neiges, congelé ou en conserve
	sel et poivre
¼	c. à thé de romarin séché
875 mL	(3½ tasses) de lait chaud
2 ou 3	c. à soupe de crème 10%
	ciboulette, hachée

Hacher les oignons verts, les feuilles de céleri et la poignée de persil frais. Dans un poêlon, sauter ces légumes quelques minutes dans le beurre sans les dorer.

Égoutter le crabe des neiges, réserver le liquide ; puis ajouter le crabe à la préparation précédente. Assaisonner de sel, de poivre et de romarin, cuire quelques minutes.

Verser dans le mélange le lait chaud et le liquide du crabe, mêler et réchauffer environ 12 minutes sans bouillir. Vérifier l'assaisonnement.

Au moment de servir, ajouter la crème, saupoudrer de ciboulette et garnir d'un morceau de pince de crabe.

Servir avec des biscottes ou des croûtons au fromage.

Crabe à la Fribourg

2	boîtes de crabe (127 mL / 4½ oz chacune)
¼	tasse de beurre
¼	tasse de farine
	champignons, tranchés
¼	c. à thé de sel
⅛	c. à thé de poivre
375 mL	(1½ tasse) de lait
2	c. à soupe de jus de citron

Égoutter et émietter la chair de crabe ; réserver. Faire revenir dans le beurre les champignons tranchés et ajouter la farine assaisonnée.

Verser le lait graduellement sans cesser de brasser en cuisant à feu doux jusqu'à épaississement. Ajouter le crabe et le jus de citron.

Servir sur du pain grillé. *Pour 6 à 8 personnes*

Sauce au crabe des neiges

227 g	(½ lb) de crabe des neiges
125 mL	(½ tasse) de vin blanc sec
750 mL	(3 tasses) de lait
4	c. à soupe de beurre
½	tasse de feuilles de céleri, hachées
¼	tasse d'oignon vert, haché
2	c. à soupe de persil, haché
3	c. à soupe de beurre
8	c. à soupe de farine
	sel et poivre
2	tasses de champignons sautés au beurre (facultatif)

Macérer durant 2 heures le crabe des neiges dans le vin blanc sec. Égoutter le crabe et conserver le liquide. Ajouter le lait au liquide réservé.

Dans une poêle, fondre 4 c. à soupe de beurre jusqu'à ce qu'il devienne mousseux ; faire revenir les feuilles de céleri, l'oignon vert et le persil jusqu'à transparence.

Ajouter 3 c. à soupe de beurre et le faire fondre. Incorporer la farine, brasser sur feu moyen pour obtenir le roux. Verser le liquide réservé, en une seule fois, brasser continuellement jusqu'à ébullition ; ajouter le crabe, mélanger le tout et retirer du feu. Saler et poivrer.

On peut ajouter 2 tasses de champignons sautés.

Vérifier l'assaisonnement avant de servir. Cette sauce est excellente sur des vol-au-vent, pour farcir des crêpes ou des choux.

Quiche au crabe des neiges

3		petits oignons verts, hachés
2		c. à soupe de persil, haché
2		c. à soupe de beurre
1¼		tasse de crabe des neiges, égoutté
2		c. à soupe de vin blanc sec
		sel et poivre
3		oeufs
250	mL	(1 tasse) de crème 15%
1		c. à soupe de pâte de tomate
1		pincée de paprika
1		abaisse non cuite de 22 cm (9 po) de diamètre
¼		tasse de fromage râpé (gruyère ou cheddar)

Dans une poêle, faire revenir les oignons verts et le persil jusqu'à transparence dans le beurre mousseux. Ajouter le crabe égoutté, saler et poivrer. Mouiller avec le vin blanc sec, amener à ébullition et laisser mijoter quelques minutes.

Dans un bol, battre les oeufs avec la crème. Ajouter la pâte de tomate, le paprika, du sel, du poivre et bien brasser. Incorporer lentement le mélange de crabe aux oeufs battus, vérifier l'assaisonnement.

Verser la préparation dans une abaisse. Saupoudrer de fromage râpé.

Cuire au four à 190°C (375°F), de 25 à 30 minutes ou jusqu'à ce que la quiche soit légèrement dorée.

Bateaux aux crevettes

1		oignon, tranché mince
125	mL	(½ tasse) d'huile d'olive
125	mL	(½ tasse) de vinaigre de vin rouge
2		c. à soupe d'épices à marinades, dans un sac ficelé
½		c. à thé de sel
454	g	(1 lb) de crevettes de Matane, cuites et décortiquées
3		avocats, séparés en moitiés

Dans une petite casserole, combiner l'oignon, l'huile, le vinaigre, les épices et le sel. Amener à ébullition et faire mijoter 5 minutes. Retirer du feu, refroidir légèrement et verser sur les crevettes. Couvrir et laisser 12 heures au réfrigérateur.

Égoutter et servir dans les moitiés d'avocats.

Crevettes basquaises

32		crevettes de Matane
1		oignon
1		poivron
1		petite aubergine
1		courgette
4		tomates
4		gousses d'ail
56	mL	(2 oz) d'huile d'olive
56	mL	(2 oz) de vin blanc
1		pincée de thym
1		feuille de laurier
56	g	(2 oz) de beurre
		sel et poivre

Peler tous les légumes. Dans une casserole, faire bouillir de l'eau, y plonger les tomates durant 5 secondes. Refroidir et enlever la peau. Émincer l'oignon et le poivron, couper l'aubergine et la courgette en rondelles.

Dans une sauteuse, faire chauffer l'huile et faire revenir l'oignon et le poivron. Aussitôt que les oignons commencent à blondir, ajouter l'aubergine et la courgette et faire revenir. Ajouter les tomates coupées en dés, les gousses d'ail écrasées, le thym, le laurier, le sel et le poivre et laisser cuire à feu doux pendant 20 minutes.

Décortiquer les crevettes. Dans une poêle, faire sauter les crevettes dans le beurre quelques minutes, de telle façon qu'elles soient à peine cuites. Déglacer avec le vin blanc et ajouter la sauce basquaise. Laisser mijoter 5 minutes et servir.

Casserole de chou-fleur aux crevettes

1	chou-fleur
6	c. à soupe de beurre
4	c. à soupe de farine
½	c. à thé de sel
750 mL	(3 tasses) de lait
1	jaune d'oeuf battu
1	boîte de crevettes, égouttées (227 mL/8 oz)
	chapelure
	paprika

Faire bouillir le chou-fleur dans l'eau légèrement salée, jusqu'à ce qu'il soit presque tendre. Le placer entier dans une casserole et préparer la sauce.

Faire fondre le beurre, ajouter la farine et le sel ; lorsque tout est homogène, ajouter le lait sans cesser de brasser, jusqu'à ce que la sauce épaississe.

Ajouter le jaune d'oeuf battu et les crevettes égouttées. Verser cette sauce sur le chou-fleur, saupoudrer de chapelure et de paprika et cuire au four à 200°C (400°F), jusqu'à ce que le tout soit bien doré.

Crevettes à la cantonaise

680 g	(1½ lb) de crevettes décortiquées, fraîches ou congelées
1	gousse d'ail, écrasée
¼	tasse d'oignon vert, haché fin
1	c. à soupe d'huile
250 mL	(1 tasse) de bouillon de poulet
⅛	c. à thé de gingembre
¼	c. à thé de sel
	quelques grains de poivre
284 g	(10 oz) d'haricots verts, frais ou congelés
1	c. à soupe de fécule de maïs
1	c. à soupe d'eau froide

Si vous utilisez des crevettes congelées, les décongeler. Les faire revenir dans l'huile 3 minutes avec l'ail et l'oignon, en brassant fréquemment. Ajouter le bouillon de poulet, au besoin, pour les empêcher de coller.

Ajouter le gingembre, le sel, le poivre et les haricots. Couvrir et laisser mijoter 3 minutes. Mélanger la fécule de maïs et l'eau froide; ajouter aux crevettes et brasser quelques minutes pour épaissir. *Pour 6 personnes*

Crevettes à la créole

¼	tasse de beurre
⅓	tasse de poivron vert, coupé fin
¼	tasse d'oignon blanc, haché
2	c. à soupe de farine
¼	c. à thé de sel
	poivre
500 mL	(2 tasses) de tomates en conserve
1	tasse de fromage râpé (gruyère ou cheddar)
1½	tasse de crevettes cuites
227 g	(½ lb) de champignons frais

Faire revenir le poivron vert et l'oignon dans le beurre.

Ajouter graduellement la farine, le sel, le poivre, les tomates et le fromage râpé. Cuire en brassant jusqu'à ce que le fromage fonde.

Ajouter les crevettes cuites et les champignons frais revenus dans un peu de beurre.

Servir sur du riz.

Crevettes fra Diavolo

1	kg	(2 lb) de crevettes crues
2		gousses d'ail entières
6		c. à soupe d'huile d'olive
75	mL	(¼ tasse) de cognac
4		tomates moyennes, pelées et coupées
		sel
1		pincée d'origan
1		pointe de poivre de cayenne
2		c. à soupe de persil frais, haché

Chauffer l'huile d'olive dans une grande poêle à frire sur feu moyen. Ajouter les crevettes décortiquées et l'ail; brasser pour que les crevettes soient d'un rose égal des deux côtés. Elles ne devraient pas prendre plus de 1 minute à cuire. Retirer les crevettes à l'aide d'une cuillère trouée. Jeter l'ail et enlever l'huile en ne laissant qu'une mince couche au fond de la poêle.

Remettre les crevettes dans la poêle à frire, ajouter le cognac, couvrir et faire mijoter 1 minute. Ajouter les tomates coupées, le sel, l'origan et le poivre de cayenne. Cuire 10 minutes en brassant de temps en temps. Servir sur un nid de riz. Saupoudrer de persil avant de servir.

Macaroni aux crevettes de Matane

56 g	(2 oz) de champignons en morceaux
	lait
¼	tasse d'oignon, émincé
2	c. à soupe de beurre
1	boîte de crème de crevettes (284 mL/10 oz)
1	boîte de crevettes (113 ml/4 oz)
1	tasse de fromage cheddar fort, râpé
1	c. à soupe de persil frais, haché
	poivre
2	tasses de macaroni cuit
1	c. à soupe de chapelure

Égoutter les champignons en gardant le liquide. Ajouter le lait au liquide réservé pour obtenir 200 mL (¾ tasse).

Faire revenir les oignons et les champignons dans le beurre. Ajouter la soupe, le liquide réservé, les crevettes, ½ tasse de fromage, le persil, du poivre et le macaroni cuit. Verser dans un plat allant au four. Garnir le dessus du reste de fromage et de chapelure.

Cuire au four à 190°C (375°F), 30 minutes.

Plat aux crevettes

1	poivron vert
1	oignon blanc, moyen
1	tomate fraîche
1	tasse de champignons frais
454 g	(1 lb) de crevettes
2	c. à soupe d'huile
1	gousse d'ail, écrasée
	sel et poivre
125 mL	(½ tasse) de vin blanc

Couper finement le poivron, l'oignon, la tomate et les champignons. Verser un peu d'huile dans une poêle et cuire les légumes quelques minutes, avec l'ail, sur feu moyen.

Lorsque le poivron et l'oignon sont ramollis, ajouter les crevettes. Cuire quelques minutes jusqu'à ce que les crevettes soient tendres et ajouter le vin blanc. Assaisonner, au goût.

Couvrir et laisser mijoter de 3 à 5 minutes. Servir sur du riz blanc.

Cuisses de grenouilles

8		cuisses de grenouilles
		beurre clarifié, bien bouillant
¼		tasse de farine
		sel et poivre noir
2		gousses d'ail
2		c. à soupe de persil, haché fin
1		c. à soupe de basilic frais, haché fin *ou* 1 c. à thé de basilic séché
1		c. à soupe d'estragon frais, haché fin *ou* 1 c. à thé d'estragon séché
75	mL	(¼ tasse) de calvados
75	mL	(¼ tasse) de vin blanc sec
1		grosse pomme
2		c. à soupe de crème sure, du commerce
2		c. à soupe de sauce Worcestershire
2		c. à thé de câpres
2		c. à soupe de vin blanc sec

Couper la pomme en deux, évider tout le centre à la cuillère pour ne laisser que ¾ cm (¼ po) de chair autour. Réchauffer le gril à feu moyen. Séparer les cuisses et bien les assécher avec un linge. Enfariner et assaisonner les cuisses.

Dans une poêle, fondre le beurre et ajouter les cuisses de grenouilles. Faire rissoler. Parsemer les cuisses d'ail écrasé, et les retourner après 2 minutes. Ajouter les herbes et mouiller avec le calvados réchauffé, puis flamber. Bien brasser la poêle et ajouter le vin blanc. Réduire la chaleur, couvrir et laisser cuire pendant 4 minutes.

Mettre les moitiés de pomme sous le gril à feu moyen, pendant 10 minutes.

Vérifier l'assaisonnement des cuisses. Ajouter la crème sure, la sauce Worcestershire, les câpres et 2 c. à soupe de vin blanc. Mélanger doucement.

Dresser les cuisses sur le plat de service réchauffé. Napper avec un peu de sauce. Servir le reste de la sauce dans les moitiés de pomme. *Par personne, selon la grosseur. Multiplier les quantités selon le nombre de convives.*

Cuisses de grenouilles (recette simple)

½		tasse de beurre
2		gousses d'ail, au goût
8		cuisses de grenouilles
125	mL	(½ tasse) de lait
½		tasse de chapelure fine mélangée à
¼		tasse de farine

Faire fondre le beurre et ajouter l'ail écrasé. Passer les cuisses de grenouilles dans le lait, puis dans le beurre fondu et dans le mélange de chapelure fine et de farine.

Cuire quelques minutes en pleine friture. *Par personne, selon la grosseur*

Doré farci

1		doré de 1½ kg (3 lb), entier
1		branche de céleri, hachée
3		oignons verts, hachés
		sel, poivre, origan
3		c. à soupe de beurre
1		tomate, tranchée
250	mL	(1 tasse) de vin blanc sec
125	mL	(½ tasse) de crème 35 %
1		jaune d'oeuf

Farce

2	c. à soupe de beurre
¼	tasse d'oignon, haché
¼	tasse de céleri, haché
1	tasse de riz cuit
	olives farcies
	poivre, sel
	thym, origan

Préparer d'abord la farce. Fondre le beurre et faire revenir l'oignon et le céleri quelques minutes sur feu doux. Ajouter une tasse de riz cuit, quelques olives farcies hachées, une pincée de sel, de poivre, de thym et d'origan.

Bien assécher le poisson, saler légèrement l'intérieur et le farcir. Ficeler. Préparer une double feuille de papier d'aluminium de dimensions suffisantes. Beurrer le centre et y déposer le poisson, le céleri et les oignons verts hachés. Ajouter les assaisonnements. Beurrer le poisson et le couvrir avec les tranches de tomates. Relever les bords du papier pour former un récipient, y verser le

→

vin. Sceller les bords pour que le liquide ne s'échappe pas.

Déposer sur une tôle dans un four préchauffé à 190°C (375°F). Cuire 10 minutes par 2,5 cm (1 po) d'épaisseur. La cuisson terminée, déposer le poisson sur un plat de service et garder au chaud. Passer la sauce au tamis et la faire bouillir pour réduire environ de moitié; ajouter la crème et continuer à faire diminuer. Retirer du feu, ajouter 1 jaune d'oeuf battu, rectifier l'assaisonnement et servir en saucière.

Doré flambé au fenouil

1		doré de 1 kg à 1,5 kg (2 lb à 3 lb)
125	mL	(½ tasse) d'huile d'olive
		quelques branches de fenouil
½		tasse d'amandes blanches, émincées
56	mL	(2 oz) de pernod

Faire revenir le doré dans l'huile d'olive. Ajouter quelques branches de fenouil et les placer autour du poisson. Étendre les amandes émincées sur le doré.

Napper le poisson d'une béchamel ou d'une sauce hollandaise. Pencher la poêle et ajouter du pernod. Faire flamber.

Filets de doré sautés à la poêle

6	filets de doré
	farine
1	oeuf battu
	chapelure fine
2	c. à soupe d'huile
1	c. à soupe de beurre
	persil
	quelques rondelles de citron

Parer les filets et les assaisonner, les rouler légèrement dans la farine, les tremper dans l'oeuf battu, les passer dans une chapelure fine.

Faire chauffer dans une poêle l'huile et le beurre. Faire frire les filets à feu vif. Lorsqu'ils sont dorés et cuits à point, les retirer du feu et les arroser de beurre fondu.

Garnir de persil et de rondelles de citron. *Pour 6 personnes*

Éperlans frits

454 g	(1 lb) d'éperlans, nettoyés (mettre à plat en enlevant la vertèbre)
¼	c. à thé de sel
⅛	c. à thé de poivre
⅓	tasse de farine
2	oeufs battus
2	tasses de chapelure, non séchée huile végétale, pour la friture
1	oignon coupé en 8 pointes rondelles de citron

Assécher les éperlans dans des morceaux de papier essuie-tout. Saupoudrer légèrement de sel et de poivre et bien enfariner des deux côtés. Saucer dans les oeufs battus puis dans la chapelure.

Frire trois ou quatre éperlans à la fois jusqu'à ce qu'ils soient croustillants et dorés des deux côtés. Déposer sur des morceaux de papier essuie-tout avant de servir garnis de citron. *Pour 6 personnes*

Filets à la chinoise

454	g	(1 lb) de filets de poisson
454	g	(1 lb) d'asperges fraîches
3		c. à soupe d'huile à salade
1		c. à thé de sel
1		c. à thé de fécule de maïs
125	mL	(½ tasse) d'eau

Couper les filets en morceaux de 5 cm x 2,5 cm (2 po x 1 po). Couper les asperges en diagonale, en morceaux de 2,5 cm (1 po). Faire chauffer 2 c. à soupe d'huile dans une poêle à frire, ajouter les asperges mouillées, saupoudrer de ½ c. à thé de sel. Cuire 5 minutes en brassant ou jusqu'à ce que les asperges soient attendries mais encore croustillantes. Retirer les asperges, ajouter le reste de l'huile et y faire revenir le poisson avec le reste de sel. Cuire de 3 à 4 minutes. Retirer le poisson et garder au chaud avec les asperges.

Mélanger la fécule de maïs et l'eau, puis l'ajouter au jus de la casserole en brassant jusqu'à épaississement. Verser sur le poisson et les asperges. *Pour 4 personnes*

Filets à la créole

1	kg	(2 lb) de filets de poisson, frais ou congelé
2		c. à soupe d'oignon, tranché mince
2		c. à soupe de poivron vert, haché
2		c. à soupe de champignons frais, hachés
250	mL	(1 tasse) de tomates en conserve
2		c. à thé de jus de citron
1		pincée de moutarde sèche, d'origan et de poivre frais moulu
¼		c. à thé de sel

Placer les filets dans un plat beurré allant au four. Faire revenir les autres ingrédients dans un peu de beurre, en brassant occasionnellement jusqu'à ce que tout soit tendre (environ 10 minutes).

Verser la sauce sur le poisson et cuire au four à 200°C (400°F), 10 minutes par 2,5 cm (1 po) d'épaisseur pour poisson frais et 20 minutes pour poisson congelé. *Pour 6 personnes*

Filets au four, en fondue

1	boîte de tomates (795 mL/28 oz)
3	c. à soupe de beurre
3	c. à soupe d'oignon blanc, râpé
½	gousse d'ail, finement hachée
	sel et poivre
680 g	(1½ lb) de filets de poisson frais
½	tasse de chapelure
	noisettes de beurre

Faire revenir légèrement l'oignon et l'ail dans le beurre, ajouter les tomates, le sel et le poivre et laisser mijoter quelques minutes, couvert, pour épaissir.

Verser cette sauce dans un plat allant au four, assez grand pour placer les filets sans qu'ils soient submergés par la sauce. Placer les filets sur la sauce, couvrir avec la chapelure et parsemer de noisettes de beurre.

Cuire au four à 190°C (375°F), de 20 à 30 minutes.

Filets ou darnes vite faits

---

1 kg	(2 lb) de filets ou darnes
1	boîte de crème de champignons
	(284 mL/10 oz)
125 mL	(½ tasse) de lait
2	c. à soupe de beurre fondu
	poivre et sel d'ail
	chapelure
	noisettes de beurre
	persil frais, haché

Beurrer un plat allant au four. Disposer le poisson dans ce plat, couvrir avec la crème de champignons mélangée au lait, assaisonner. Recouvrir de chapelure et de noisettes de beurre. Mettre au four 20 minutes à 230°C (450°F). Parsemer généreusement de persil frais, haché.

Filets Beaufort

1	paquet de filets congelés de perchaude, enveloppés individuellement
	ou 397 g à 454 g (14 oz à 16 oz) d'autres filets
½	tasse de chapelure
½	c. à thé de poudre de cari
¼	c. à thé de sel
1	oeuf battu
2	c. à soupe d'eau
¼	tasse de margarine ou de beurre fondu
1	petit oignon
1	petit poivron vert
1	c. à soupe d'huile d'olive
¼	c. à thé de sel
½	c. à thé de sucre

Mélanger la chapelure, la poudre de cari et ¼ c. à thé de sel. Mêler l'oeuf battu et l'eau. Tremper chaque filet dans le mélange d'oeuf, puis l'enrober de la chapelure assaisonnée. Disposer le côté peau en dessous, à simple épaisseur, dans un plat allant au four peu profond ou dans un plat de service, graissés. Arroser de margarine ou de beurre fondu. Cuire au four à 200°C (400°F) jusqu'à ce que les filets s'effeuillent facilement à l'aide d'une fourchette, soit environ 7 minutes.

Pendant ce temps, épépiner le poivron vert et le trancher en anneaux minces. Émincer l'oignon et défaire les tranches en anneaux. Chauffer l'huile à la poêle et ajouter les légumes. Saupoudrer de sel et de sucre. Cuire à feu moyen en remuant doucement jusqu'à ce que les légumes soient tendres, soit de 4 à 5 minutes. Garnir les filets de ce mélange et servir immédiatement. *Pour 3 ou 4 personnes*

Filets en papillotes

1 kg	(2 lb) de filets de poisson
½	c. à thé de sel
1	pincée de poivre
¼	tasse de beurre fondu
2	c. à soupe de persil haché
1	c. à soupe de jus de citron
½	c. à thé de graines d'aneth
6	tranches minces d'oignon
3	tasses de carottes en rondelles, cuites
6	tranches de fromage suisse

Couper les filets en portions individuelles. Saupoudrer avec du sel et du poivre. Dans un bol, mélanger le beurre, le persil, le jus de citron et les graines d'aneth. Préparer 12 feuilles de papier d'aluminium épais, de 45 cm (18 po) de côté, pour en faire 6 carrés de double épaisseur. Beurrer les 6 carrés supérieurs. Mettre 1 c. à thé du mélange de beurre sur la moitié de chaque carré et y placer une portion de poisson. Défaire les tranches d'oignon en anneaux et en garnir le poisson. Placer une ½ tasse de carottes en rondelles sur chaque portion de poisson. Verser le reste du mélange de beurre sur les carottes et recouvrir chaque portion d'une tranche de fromage ; sceller à l'aide d'un double pli. Placer les papillotes directement sur les braises. Cuire de 10 à 12 minutes. *Pour 6 personnes*

Filets de perche « Doria »

6	filets de perche
½	tasse de farine
½	tasse de chapelure
1	oeuf entier
2	c. à soupe d'huile
2	concombres
2	c. à soupe de persil, haché
1	gousse d'ail
3	c. à soupe de beurre
	sel et poivre

Peler les concombres, les couper en tronçons de 5 cm (2 po) de longueur ; les diviser en quatre. Dans une poêle, mettre environ 2 c. à soupe de beurre, y déposer les morceaux de concombres, saler, poivrer, laisser cuire lentement à découvert afin de faire évaporer l'eau des concombres. Tourner de temps en temps afin que les tronçons cuisent sur chacune des faces. Préparer un hachis de persil et d'ail.

Laver les filets et les essuyer soigneusement avec du papier absorbant. Dans trois assiettes, mettre la farine, l'oeuf battu, la chapelure. Passer successivement les filets dans la farine, l'oeuf battu et la chapelure. Dans une poêle, mettre 2 c. à soupe d'huile et 1 c. à soupe de beurre. Chauffer et cuire les filets à feu vif ; lorsqu'ils sont dorés d'un côté, les retourner avec une spatule et faire cuire l'autre face.

Servir avec le mélange de concombres. *Pour 6 personnes*

Filets dans la poêle

680	g	(1½ lb) de filets ou darnes de poisson
½		c. à thé de sel
75	mL	(¼ tasse) de lait
1		oeuf
¼		tasse de farine
¾		tasse de chapelure
		huile

Passer les filets dans l'oeuf battu avec le lait et ensuite dans la chapelure mélangée à la farine et au sel.

Chauffer l'huile dans la poêle et cuire des deux côtés. Servir avec un quartier de citron et décorer avec du persil, haché.

Filets de poisson aux raisins verts

1	kg	(2 lb) de filets, au choix
		sel et poivre
½		oignon moyen, haché
75	mL	(¼ tasse) d'eau
½		c. à thé de jus de citron
1		c. à soupe de beurre
1		c. à soupe de farine
125	mL	(½ tasse) de lait
1		tasse de raisins verts, sans pépins

Saupoudrer chaque filet de sel et de poivre ; les rouler et les placer à la verticale dans une casserole de 25 cm (10 po) de longueur. Ajouter l'oignon, l'eau et le jus de citron ; amener à ébullition, baisser le feu et couvrir. Laisser mijoter de 10 à 12 minutes ou jusqu'à ce que les filets soient bien opaques. Les enlever de la casserole avec une cuillère trouée et les garder au chaud.

Dans une sauteuse, fondre le beurre, ajouter la farine en brassant. Ajouter ensuite le liquide de la casserole avec le lait et les raisins. Cuire à feu bas, en brassant sans arrêt, jusqu'à ce que la sauce soit légèrement épaissie. Verser sur le poisson pour servir immédiatement. *Pour 6 personnes*

Filets au vin en sauce veloutée

1	kg	(2 lb) de filets de poisson, frais ou décongelé
1		c. à thé de sel
¼		c. à thé de poivre
¼		tasse d'oignon, haché
250	mL	(1 tasse) de vin blanc sec
¼		tasse de beurre
2		jaunes d'oeufs
1		c. à soupe de farine
125	mL	(½ tasse) de crème 15 %
1		boîte de coeurs d'artichauts (425 mL / 15 oz)

Essuyer les filets et les mettre dans un plat beurré allant au four.

Assaisonner de sel et de poivre et parsemer d'oignons. Ajouter le vin et le beurre et cuire au four à 230°C (450°F), de 15 à 20 minutes ou jusqu'à ce que le poisson s'effeuille facilement à la fourchette.

Entre-temps, battre ensemble les jaunes d'oeufs, la farine et la crème. Disposer les filets sur un plat de service et réserver le jus de cuisson.

Réchauffer le mélange de jaunes d'oeufs et ajouter le jus. Laisser sur le feu en remuant constamment jusqu'à ce que la sauce épaississe.

Napper le poisson de sauce et garnir de coeurs d'artichauts.

Filets de flétan aux amandes

1	kg	(2 lb) de filets de flétan ou de sole
½		tasse de farine
½		c. à thé de sel
¼		c. à thé de poivre
½		c. à thé de paprika
2		c. à soupe de lait
1		oeuf battu
113	g	(4 oz) d'amandes blanchies, finement hachées
2		c. à soupe de beurre fondu

Mélanger la farine, le sel, le poivre et le paprika ; enrober le poisson de ce mélange.

Mêler le lait et l'oeuf battu. Tremper le poisson dans le mélange liquide et enrober d'amandes. Disposer les portions sur une lèchefrite badigeonnée de beurre. Répandre également le reste du beurre. Cuire au centre du four à 230°C (450°F), environ 20 minutes.

Filets de flétan en croûte

454	g	(1 lb) de filets de flétan
75	mL	(¼ tasse) de vin blanc
		farine assaisonnée
1		tasse d'abricots secs
125	mL	(½ tasse) d'eau
2		c. à soupe de jus de citron
½		tasse d'amandes effilées
¼		c. à thé de gingembre en poudre
1		paquet de pâte à choux congelée

Si le flétan est surgelé, le dégeler partiellement. Essuyer avec un chiffon humide. Passer dans le vin, puis secouer dans un sac contenant la farine. Amener l'eau et les abricots à ébullition. Réduire le feu et faire mijoter, couvert, 5 minutes. Retirer du feu et mettre de côté, sans découvrir, 30 minutes.

Verser l'eau et les abricots dans le mélangeur électrique, ajouter le jus de citron et réduire en purée, en ajoutant de l'eau au besoin. Incorporer, en remuant, les amandes et le gingembre.

Rouler la pâte à choux pour former un rectangle de 30 cm x 20 cm (12 po x 8 po). Placer le flétan au centre de la pâte. Napper uniformément de la purée d'abricots. Humecter les bords de la pâte avec de l'eau et les ramener au-dessus du flétan ; presser pour fermer. Badigeonner la pâte avec du lait ou un oeuf battu. Cuire au four préchauffé à 220°C (425°F), environ 20 minutes, jusqu'à ce que la croûte soit légèrement dorée. Trancher et servir. *Pour 4 personnes*

Flétan au four

1 kg	(2 lb) de tranches de flétan
½	c. à thé de sel
½	c. à thé de paprika
1	pincée de poivre de cayenne
	jus d'un citron
½	tasse d'oignon, haché
1	c. à soupe de beurre ou autre matière grasse
	languettes de poivron vert, pour la garniture

Déposer les tranches de flétan dans un plat allant au four. Mélanger le sel, le poivre de cayenne et le paprika avec le jus de citron, et verser sur le poisson. Laisser mariner 1 heure au réfrigérateur en retournant après 30 minutes pour que les deux côtés soient bien marinés. Faire cuire les oignons dans le beurre. Quand ils sont cuits, les répartir sur le poisson.

Garnir avec les languettes de poivron, arroser avec le reste de la marinade et mettre au four préchauffé à 230°C (450°F). La cuisson demande environ 10 minutes. Le poisson est cuit quand il se sépare facilement en le piquant à la fourchette.

Flétan aux champignons

1	kg	(2 lb) de flétan
1		feuille de laurier
½		citron, coupé en tranches
¼		tasse de beurre
2		c. à soupe de farine
500	mL	(2 tasses) de lait
125	mL	(½ tasse) de vin blanc *ou* de sherry
		ou de vermouth blanc
½		c. à thé de moutarde en poudre
½		tasse de fromage, coupé en petits cubes
1		tasse de champignons frais, tranchés
		sel, poivre frais moulu
		persil ou cresson, pour la garniture

Bouillir le poisson dans l'eau salée avec la feuille de laurier et les tranches de citron pendant 10 minutes. Enlever la peau et briser le poisson en morceaux.

Faire fondre le beurre dans une casserole, retirer du feu et ajouter la farine en brassant avec une cuillère en bois, ajouter le lait petit à petit, sans cesser de brasser. Ajouter le vin blanc et la moutarde. Remettre sur le feu et ajouter le fromage en brassant jusqu'à ce que le tout soit homogène. Ajouter les champignons et le poisson. Assaisonner au goût avec le sel et le poivre et cuire quelques minutes jusqu'à ce que les champignons ramollissent, de 5 à 8 minutes.

Garnir de persil ou de cresson.

Flétan croustillant cuit au four

4		filets de flétan
75	mL	(¼ tasse) d'huile de cuisson
½		c. à thé de sel
¼		c. à thé d'ail frais, écrasé
		fromage parmesan, râpé
		céréales de flocons de blé, émiettées

Ajouter l'ail et le sel à l'huile et y faire mariner les filets pendant 10 minutes. Égoutter. Rouler dans le fromage parmesan puis dans les céréales émiettées.

Placer les filets dans un plat allant au four, beurré ou huilé.

Cuire au four à 230°C (450°F), de 10 à 12 minutes ou jusqu'à ce que le poisson s'effeuille à la fourchette. Servir immédiatement. *Pour 4 personnes*

Flétan frit au parmesan

1	kg	(2 lb) de tranches de flétan, d'environ 2 cm (¾ po) d'épaisseur chacune
½		tasse de farine tout usage
⅛		c. à thé de sel d'ail
1		oeuf battu
75	mL	(¼ tasse) de lait
1		tasse de chapelure fine
¼		tasse de fromage parmesan, râpé
2		c. à soupe de persil frais, haché

Mélanger la farine et le sel d'ail. Battre ensemble l'oeuf et le lait. Passer le flétan dans la farine, puis tremper dans le lait.

Combiner la chapelure, le fromage et le persil. Enrober de ce mélange les tranches de flétan, puis les frire à la poêle dans le gras très chaud. *Pour 4 à 6 personnes*

Flétan aux fruits

4	tranches de flétan d'au moins 2,5 cm (1 po) d'épaisseur chacune
75 mL	(¼ tasse) de beurre fondu
85 mL	(⅓ tasse) de jus de citron *ou* de vin blanc sec
	sel, poivre, au goût
	paprika, au goût
3	oranges moyennes, pelées et tranchées
2	bananes pelées, coupées en deux sur la longueur, puis en trois

Placer les tranches de flétan sur une tôle bien huilée. Badigeonner avec la moitié du beurre fondu et le jus de citron ou le vin blanc. Assaisonner avec le sel, le poivre et le paprika. Placer à 10 cm (4 po) du gril et cuire 6 minutes ou jusqu'à ce que le poisson soit légèrement bruni.

Tourner les tranches, placer les fruits autour du poisson et badigeonner avec le reste du beurre fondu. Griller de nouveau, de 5 à 6 minutes. Servir immédiatement.

Fleurons

3   timbales feuilletées, congelées

Laisser décongeler la pâte feuilletée dans le réfrigéra-teur, jusqu'à ce qu'il soit possible de la travailler. Si la pâte atteint la température de la pièce, elle refoulera ou se durcira.

Rouler la pâte décongelée à 3 mm (⅛ po) d'épaisseur, couper en diagonale en quatre triangles. Cuire au four à 200°C (400°F), pendant 10 minutes.

Fruits de mer en salade

Recette de base pour salades de fruits de mer. Toutes les sortes de poisson ou de crustacés conviennent à cette salade.

454 g	(1 lb) de poisson, cuit ou en conserve
1	c. à soupe de jus de citron
1	tasse de céleri, coupé en dés
85 mL	(⅓ tasse) de mayonnaise
	sel et poivre, au goût
	laitue

Faire des coupes avec de la laitue croustillante.

Briser le poisson en bouchées et l'asperger de jus de citron. Ajouter le céleri et mélanger légèrement avec la mayonnaise. Saler et poivrer, au goût. *Pour 6 personnes*

Homard au four

2		homards bouillis, de 680 g (1½ lb) chacun
½		tasse de champignons frais, tranchés
¼		tasse de poivron vert, coupé en petits morceaux
3		c. à soupe de beurre fondu
2		c. à soupe de farine
250	mL	(1 tasse) de lait
75	mL	(¼ tasse) de sherry
½		c. à thé de paprika
½		c. à thé de sel
¼		tasse de chapelure
2		c. à thé de beurre fondu
¼		tasse de fromage cheddar, râpé

Enlever les pinces des homards. Couper les homards en deux sur la longueur. Enlever la chair et découper en morceaux. Nettoyer les carapaces, bien les rincer et les assécher.

Sauter les champignons et le poivron vert dans 3 c. à soupe de beurre fondu jusqu'à ce qu'ils soient tendres. Ajouter la farine en brassant, et le lait graduellement. Cuire en brassant jusqu'à épaississement. Ajouter le sherry, le paprika et le sel. Continuer à cuire quelques minutes et ajouter la chair de homard. Verser dans les carapaces. Couvrir avec la chapelure mélangée à 2 c. à soupe de beurre fondu. Parsemer de fromage. Cuire au four à 230°C (450°F), pendant 10 minutes, ou griller quelques minutes.

Homard Newburg

2	tasses de chair de homard, cuite
2	c. à soupe de beurre
2	c. à soupe de sherry
¼	c. à thé de paprika
4	jaunes d'oeufs
1	tasse de crème 15%
½	c. à thé de sel
⅛	c. à thé de poivre
2½	tasses de riz cuit *ou* 6 timbales feuilletées

Couper le homard en bouchées. Dans une casserole, le mélanger avec le beurre, le sherry et le paprika. Chauffer de 2 à 3 minutes en brassant de temps en temps.

Battre les jaunes d'oeufs dans la partie supérieure d'un bain-marie, ajouter la crème, le sel et le poivre. Cuire au-dessus de l'eau bouillante jusqu'à épaississement en brassant sans arrêt.

Retirer du feu et incorporer le mélange de homard. Servir chaud sur du riz cuit ou des timbales.

Les huîtres

On a toujours dit que les huîtres ne devaient être achetées que dans les mois qui ont des « R », c'est-à-dire les mois les plus frais de l'année. Mais attention, pour être bonnes, on doit les acheter bien fermées et ne les ouvrir qu'au moment de les servir si on doit les présenter crues. Rejeter celles dont les coquilles sont abîmées et celles dont l'intérieur est souillé de vase. Quand on les sert fraîches ou crues, les présenter si possible sur de la glace pilée. Vous les accompagnerez de quartiers de citron et, pour les amateurs, d'une sauce d'oignons verts au vinaigre. Les servir avec du pain de seigle et du beurre.

Il est préférable de conserver les huîtres au froid, dehors, si possible à l'abri du gel, en les couvrant d'un sac de jute ou l'équivalent. On conseille de ne jamais les mettre au réfrigérateur.

Crème aux huîtres

1 L	(4 tasses) de lait
3	oignons verts, hachés
227 g	(8 oz) d'huîtres
2	c. à soupe de beurre
	sel et poivre
125 mL	(½ tasse) de crème 15%
	cerfeuil haché, paprika, muscade râpée

Chauffer, sans bouillir, le lait avec les oignons, environ 10 minutes. Couler et conserver au chaud.

Pocher les huîtres dans leur jus jusqu'à ce que les bords festonnent. Écumer. Incorporer le jus et les huîtres au lait chaud. Ajouter le beurre, la crème et les assaisonnements.

Huîtres frites

3	douzaines d'huîtres
2	oeufs battus
	sel et poivre
	huile à friture
1	tasse de biscuits soda, émiettés

Retirer les huîtres de l'écaille, en conservant le jus, et assécher entre deux papiers absorbants.

Assaisonner les huîtres avec du sel et du poivre, les passer dans les oeufs battus puis dans la chapelure fine de biscuits soda.

Disposer les huîtres en rang simple dans un panier à frire et plonger l'appareil dans l'huile très chaude. Cuire jusqu'à ce qu'elles prennent la teinte brun doré, environ 3 minutes.

NOTE : conserver le jus des huîtres pour faire une sauce ou une soupe aux huîtres.

Huîtres Rockefeller

24		grosses huîtres en coquilles
		épinards cuits
57	g	(2 oz) de beurre
4		c. à soupe de farine
500	mL	(2 tasses) de crème 15%
1		pincée de muscade
1		c. à thé de sucre
¼		c. à thé de sel
⅛		c. à thé de poivre
3		c. à soupe de sherry
		fromage parmesan, râpé

Cuire les épinards légèrement. Ouvrir les huîtres, en verser le jus dans un bol et détacher le mollusque de l'écaille.

Fondre le beurre dans une poêle, ajouter la farine en brassant, puis la crème et les assaisonnements. Brasser jusqu'à ce que le mélange épaississe. Retirer du feu et ajouter le sherry.

Dans chacune des écailles, verser 1 c. à soupe de sauce, y déposer une cuillerée d'épinards bien égouttés puis une huître. Recouvrir d'un peu de sauce et saupoudrer de parmesan. Placer au gril 5 minutes.

Servir chaud.

Pâtés aux huîtres

4	c. à soupe de beurre
4	c. à soupe de farine
1 L	(4 tasses) de lait
	le jus des huîtres
1	tasse d'huîtres
1	jaune d'oeuf
	sel de céleri
	poivre
	persil et paprika, pour la garniture

Chauffer le jus des huîtres. Dans une autre casserole, fondre le beurre, ajouter la farine, le jus des huîtres chaud, le lait et le jaune d'oeuf légèrement battu. Cuire en brassant sans arrêt jusqu'à épaississement.

Ajouter les huîtres et continuer la cuisson pendant quelques minutes. Assaisonner et verser cette sauce sur des feuilletés chauds. Décorer de persil et de paprika. *Pour 6 à 8 personnes*

Langoustines (scampis) à la biscaienne

1	kg	(2 lb) de langoustines
3		carottes, émincées
3		oignons verts, tranchés fin
1		oignon, tranché fin
1		poivron vert, épépiné et émincé
6		tomates, pelées et épépinées
1		gousse d'ail
227	g	(½ lb) de riz
1		petit verre de cognac
		huile d'olive, beurre
		sel, poivre de cayenne
1		bouquet garni (laurier, thym)

Dans une cocotte, faire revenir avec du beurre et de l'huile d'olive, les langoustines. Les assaisonner de sel et de poivre de cayenne. Les flamber au cognac. Les enlever de la cocotte ainsi que leur jus de cuisson.

Mettre dans la cocotte un peu d'huile et de beurre, les oignons, les carottes, le poivron et la gousse d'ail. Les laisser rissoler et cuire presque entièrement. Ajouter les tomates, le bouquet garni, les langoustines et le jus dans lequel vous les avez fait flamber. Couvrir et laisser cuire 10 minutes.

Huiler un moule à savarin en couronne. Le remplir de riz cuit à l'eau salée et séché au four, puis démouler le riz sur un plat. Placer les langoustines autour de la couronne et les légumes au centre et garnir la couronne de riz avec des lamelles de poivron cru.

Filets de maquereau aux épinards

1	kg	(2 lb) de filets de maquereau
1	kg	(2 lb) d'épinards
3		oeufs durs
125	mL	(½ tasse) de crème 15%
		court-bouillon (maison ou du commerce)
		fromage râpé (cheddar ou gruyère)
		paprika
		sel et poivre

Faire cuire les épinards à l'eau bouillante salée, quelques secondes seulement. Bien les égoutter. Hacher les épinards, ajouter la crème et mélanger.

Garnir de cette préparation le fond d'un plat beurré allant au four. Assaisonner.

Faire pocher les filets de maquereau dans un court-bouillon bien relevé, de 10 à 12 minutes. Les égoutter et les poser sur les épinards.

Hacher les oeufs et en garnir les deux extrémités du plat. Napper de crème fraîche, saupoudrer de fromage râpé et de paprika. Passer quelques minutes au four. Servir accompagnés de pommes de terre bouillies.

Petites quiches marines

1	boîte de filets de maquereau (198 mL / 7 oz)
227 g	(½ lb) de fromage râpé (suisse ou cheddar)
1	petit oignon, finement haché
2	oeufs battus
250 mL	(1 tasse) de crème 15% *ou* moitié lait — moitié crème
2	c. à soupe de persil, haché
¼	c. à thé de sel
	poivre
	paprika
12 à 15	tartelettes non cuites

Égoutter et effeuiller le maquereau et mélanger au fromage et à l'oignon. Diviser dans les pâtes.

Mêler les oeufs battus, la crème, le persil, le sel et le poivre. Verser dans chaque tartelette.

Saupoudrer de paprika et cuire au four à 190°C (375°F), de 25 à 30 minutes ou jusqu'à ce que la pointe d'un couteau inséré au centre en ressorte sèche. Servir chaud.

Marinade pour brochettes, darnes et filets cuits à la braise

125	mL	(½ tasse) d'huile
125	mL	(½ tasse) de vin blanc
1		grosse gousse d'ail, hachée
1		c. à thé de sel
½		c. à thé de poivre
½		c. à thé de sauce Worcestershire
1		pincée de cayenne

Mélanger tous les ingrédients. Laisser mariner le poisson et les morceaux de légumes pour les brochettes (oignon, poivron vert, tomate, maïs en épi, concombre) pendant 30 minutes. Enfiler en alternant sur des brochettes bien huilées. Griller à 10 cm (4 po) des braises, de 8 à 10 minutes, en retournant, et badigeonner avec la marinade.

Merlans au four

6		merlans
113	mL	(4 oz) de vin blanc sec
56	g	(2 oz) de beurre
3		c. à soupe de crème 35%
		sel et poivre
		farine

Nettoyer et vider les merlans, les essuyer, les saler, les poivrer et les enfariner légèrement.

Beurrer un plat allant au four et y déposer le poisson. Cuire à 190°C (375°F), de 10 à 12 minutes. Retirer du four, verser le vin sur le poisson, puis y verser la crème. Assaisonner et remettre au four quelques minutes.

Bourride

Aromatique, copieuse et nourrissante, cette spécialité génoise est par excellence un mets préparé en quelques minutes. Pendant que la morue et l'aiglefin attendent, environ 15 minutes, sur la planche à découper, vous préparez le bouillon aux tomates et au vin blanc. Vous y ajoutez ensuite le poisson coupé en dés et, 20 minutes plus tard, votre dîner fume sur la table !

454	g	(1 lb) de morue, congelée
454	g	(1 lb) d'aiglefin ou de sébaste, congelé
½		tasse d'oignon, haché
1		gousse d'ail
75	mL	(¼ tasse) d'huile d'olive
1		boîte de tomates (540 mL / 19 oz)
250	mL	(1 tasse) de vin blanc sec
3		c. à soupe de noix, finement hachées
3		c. à soupe de persil, haché
1		feuille de laurier
1		pincée de poivre de cayenne

Décongeler légèrement le poisson et le couper en morceaux de 5 cm (2 po). Dans une grande casserole, faire sauter dans l'huile l'oignon et l'ail. Ajouter les tomates, le vin, les noix, le persil, le laurier et le poivre de cayenne. Faire bouillir rapidement à découvert, pendant 5 minutes. Ajouter le poisson. Baisser le feu, couvrir et laisser cuire 20 minutes.

Servir avec des croûtons aillés ou du pain grillé. *Pour 6 personnes*

Filets de morue à ma façon

1 kg	(2 lb) de filets
1	boîte de crème de crevettes non diluée (284 mL / 10 oz)
250 mL	(1 tasse) de lait
1	c. à soupe de farine
1	c. à soupe de beurre
	jus de citron
	sel et poivre
	fromage râpé (cheddar ou emmenthal)

Étendre les filets dans un plat à gratin beurré. Ajouter quelques gouttes de jus de citron. Saler légèrement et poivrer.

Faire fondre le beurre, ajouter la farine en brassant, puis le lait petit à petit, et la crème de crevettes. Brasser sur le feu jusqu'à ce que le mélange soit homogène. Verser sur les filets et parsemer de fromage râpé. Cuire au four à 190°C (375°F), environ 25 minutes. Gratiner quelques secondes à la fin de la cuisson.

NOTE : On peut réaliser cette recette avec tout autre filet de poisson blanc.

Morue Hawaii

454 g	(1 lb) de filets de morue
	sel, au goût
1	c. à soupe de sauce soya
1	c. à soupe de jus de citron
3	oignons verts, tranchés
⅓	tasse de poivron vert, coupé en dés
1	petite tomate fraîche, coupée
1	boîte de morceaux d'ananas (398 mL/14 oz)
2	c. à thé de fécule de maïs
1	pincée de poudre d'ail

Couper la morue en morceaux. Placer dans un plat beurré allant au four. Saupoudrer de sel, brosser avec un mélange de sauce soya et jus de citron. Couvrir avec les oignons, le poivron vert et la tomate. Cuire au four, couvert, 10 minutes à 230°C (450°F).

Égoutter l'ananas, verser le jus dans une petite casserole et y délayer la fécule de maïs. Retirer le poisson du four, égoutter le jus de cuisson et l'ajouter au jus d'ananas et à la fécule. Cuire cette sauce tout en brassant, jusqu'à épaississement. Assaisonner avec de la poudre d'ail et du sel, au goût. Ajouter les morceaux d'ananas et verser sur les filets de morue.

Remettre au four et cuire 5 minutes, à découvert. Servir accompagné de riz et de haricots verts.

Langues de morue

454 g	(1 lb) de langues de morue, fraîches ou décongelées
1	c. à soupe de jus de citron
¾	tasse de farine
	quelques grains de poivre noir
113 g	(¼ lb) de bacon, coupé en petits morceaux
	persil frais

Laver les langues de morue et assécher. Arroser de jus de citron. Mélanger la farine et le poivre dans un sac en plastique. Dans un poêlon d'environ 30 cm (12 po) de diamètre, frire le bacon à feu modéré pour brunir et rendre croustillant. Retirer du poêlon et réserver.

Déposer les langues de morue dans le mélange de farine et de poivre, puis agiter pour bien enrober. Secouer l'excès de farine et frire les langues, non superposées, environ 6 minutes de chaque côté. Déposer sur du papier absorbant, parsemer de persil frais et servir avec le bacon déjà cuit. *Pour 4 à 6 personnes*

Morue au cari

1 kg	(2 lb) de filets de morue, congelés
1	tasse de céleri, haché
1	tasse d'oignons, tranchés très mince
1	c. à soupe d'huile
1	c. à thé de poudre de cari
¼	c. à thé de sel
1	c. à soupe de jus de citron

Décongeler les filets et les placer dans un plat graissé de 30 cm x 20 cm x 5 cm (12 po x 8 po x 2 po). Dans une casserole, faire revenir l'oignon et le céleri, 5 minutes. Ajouter les assaisonnements et le jus de citron. Étendre sur les filets.

Cuire au four à 230°C (450°F), 12 minutes.

Morue de la Mère Frigon

3 à 4	tranches de morue, bien essuyées
75 mL	(¼ tasse) d'huile d'olive
1	oignon, haché
1	boîte de tomates (795 mL / 28 oz)
2	anchois, pilés
¼	tasse de câpres
12	olives noires
	sel et poivre
1	c. à soupe de farine
125 mL	(½ tasse) de vin blanc et eau

Dorer la morue dans l'huile ; la retirer quand elle est bien dorée. Mettre dans la poêle l'oignon haché, le faire revenir et ajouter la farine tout en brassant. Ajouter ensuite le vin blanc, les tomates, les anchois pilés, les câpres et les olives noires.

Assaisonner, laisser cuire quelques minutes et servir avec du riz.

NOTE : On peut remplacer la morue par du bar.

Les moules

Au prix courant les moules sont économiques. On doit les acheter bien closes. Frapper légèrement celles un peu ouvertes, si elles sont bonnes et vivantes elles se refermeront aussitôt. Elles doivent être lourdes pour leur taille... Aussitôt à la maison, les placer au réfrigérateur dans un bol couvert de serviettes de papier mouillé pour les empêcher de sécher. Ne pas les garder plus de 2 jours.

Avant de les cuire, bien les brosser et les laver à l'eau froide du robinet. Au besoin, enlever le byssus, semblable à des cheveux, avec des ciseaux.

Mouclade

24	moules
⅛	c. à thé de poivre
3	gousses d'ail, hachées fin
¼	tasse de persil, haché fin
¼	tasse de beurre
1	c. à soupe de farine
1	jaune d'oeuf
	jus d'un citron

Faire ouvrir les moules à sec avec le poivre, l'ail et le persil, conserver le jus. Une fois ouvertes, jeter la partie vide de la coquille.

Faire un roux blond avec le beurre et la farine, en le mouillant avec le jus de cuisson des moules.

Au moment de servir, lier la sauce avec le jaune d'oeuf et le jus de citron et verser sur les moules.

Moules marinières

24	moules en écaille
4	c. à soupe d'huile d'olive
3	gousses d'ail, écrasées
200 mL	(¾ tasse) de vin blanc sec
2	c. à soupe de persil, haché
1	pincée de thym
½	feuille de laurier
	poivre noir, frais moulu
75 mL	(¼ tasse) de crème 35%

Faire revenir légèrement l'ail dans l'huile. Ajouter les moules en les brassant avec l'huile et l'ail, pendant 30 secondes. Ajouter le vin blanc et le reste des ingrédients, sauf la crème.

Couvrir et cuire de 5 à 8 minutes, en brassant souvent. Lorsqu'elles sont cuites, les moules doivent être ouvertes. Jeter celles qui ne le sont pas. Garder les moules au chaud.

Ajouter la crème dans la casserole et amener à ébullition. Bouillir de 3 à 4 minutes pour réduire légèrement la sauce. Verser sur les moules. *Pour 2 personnes*

Moules sauce aux tomates

24	moules
3	c. à soupe de beurre
⅓	tasse d'oignon, haché
2	c. à soupe de persil, haché
200 mL	(¾ tasse) de vin blanc sec
250 mL	(1 tasse) de tomates en conserve
1	pincée de thym
	poivre noir, frais moulu

Bien nettoyer les moules à l'eau froide.

Faire revenir l'oignon dans le beurre jusqu'à ce qu'il soit transparent. Ajouter le reste des ingrédients.

Ajouter les moules et cuire à couvert, de 5 à 8 minutes, en brassant de temps en temps. *Pour 2 personnes*

Omble ou saumon avec sauce au crabe

750	g	(1¾ lb) de darnes d'omble ou de saumon, de 2 cm (¾ po) d'épaisseur chacune
200	g	(¾ lb) de chair de crabe
250	mL	(1 tasse) de vin blanc sec
½		c. à thé de sel
1		pincée d'estragon
¼		c. à thé de fenouil
2		c. à soupe d'oignon vert, finement haché
1		c. à soupe de beurre
1		c. à soupe de farine
1		c. à thé de jus de citron
2		c. à soupe de persil, haché
		quartiers de citron

Égoutter le crabe ; retirer les morceaux de carapace et de cartilage. Mélanger le vin, le sel et les fines herbes. Amener à ébullition et ajouter le poisson. Couvrir, réduire la chaleur et laisser mijoter de 5 à 10 minutes ou jusqu'à ce que la chair soit opaque et s'effeuille facilement. Déposer le poisson sur un plat de service et garder au chaud. Réserver le liquide de cuisson. Sauter l'oignon dans le beurre jusqu'à ce qu'il soit tendre. Incorporer la farine. Ajouter le liquide de cuisson graduellement. Cuire en remuant jusqu'à consistance épaisse et onctueuse. Ajouter le jus de citron et le crabe. Réchauffer. Napper les darnes de sauce et saupoudrer de persil haché. Garnir de quartiers de citron.

Paella

1		boîte de tomates (795 mL / 28 oz)
2		oignons, coupés en dés
2		poivrons verts, coupés en lanières de 2,5 cm (1 po)
2		gousses d'ail, écrasées
75	mL	(¼ tasse) d'huile
2		tasses de riz cuit
250	mL	(1 tasse) d'eau chaude
½		c. à thé de safran dissout dans 75 mL (¼ tasse) d'eau chaude
284	g	(10 oz) de homard ou de langouste
284	g	(10 oz) de crevettes cuites
284	g	(10 oz) de palourdes
75	mL	(¼ tasse) de sherry sec
1		c. à thé de sel
¼		c. à thé de poivre
¼		c. à thé de sauce Tabasco

Cuire l'oignon, le poivron et l'ail dans l'huile durant 5 minutes. Ajouter les tomates, l'eau et le safran et cuire quelques minutes pour réchauffer. Ajouter ensuite les poissons, le sherry et les assaisonnements et, en dernier, le riz cuit. Mijoter jusqu'à ce que le tout soit bien chaud. *Pour 12 personnes*

Pâte à frire pour filets de poissons et crustacés

1	tasse de farine tout usage
2	c. à thé de poudre à pâte
1	c. à thé de sel
2	c. à thé de sucre
1	c. à soupe d'huile à salade
250 mL	(1 tasse) d'eau

Mélanger les ingrédients secs. Faire un puits dans le centre et ajouter le liquide mélangé, en brassant bien jusqu'à ce que le tout soit homogène.

Saupoudrer légèrement de sel chaque portion de poisson ou crustacé et enrober du mélange. Frire à 190 °C (375 °F) et égoutter sur du papier absorbant.

NOTE : Toujours servir décoré de persil frais et de quartiers de citron.

Pâté de poisson

454 g	(1 lb) de pommes de terre cuites, pilées et assaisonnées avec du beurre ou de la margarine et du lait chaud
	sel et poivre
	moutarde sèche
¼	tasse de fromage, râpé (gruyère ou cheddar)
1	jaune d'oeuf
227 g	(½ lb) de poisson cuit
1¼	tasse de sauce au persil (voir recette)
	muscade

Aux pommes de terre pilées et préparées, ajouter du sel, du poivre et un peu de moutarde sèche. Ajouter la moitié du fromage et le jaune d'oeuf battu.

Remplir un plat allant au four des ⅔ du mélange, saupoudrer légèrement d'un peu de muscade. Verser sur le mélange, la sauce au persil mêlée au poisson et couvrir avec le reste des pommes de terre pilées. Faire des rayures décoratives avec une fourchette. Saupoudrer du reste de fromage et garnir de noisettes de beurre.

Sauce au persil

2	c. à soupe de beurre
2	c. à soupe de farine
325 mL	(1¼ tasse) de lait
1	c. à thé d'oignon, râpé
¼	c. à thé de sel
½	tasse de persil frais, haché

Fondre le beurre, ajouter la farine, hors du feu, en brassant jusqu'à ce que le mélange soit homogène. Ajouter l'oignon, le sel, puis le lait par petites quantités en brassant sur le feu jusqu'à ce que le tout soit crémeux. Ajouter le persil.

Petits poissons des chenaux ou poulamons

4	poissons
1	oeuf battu
	sel et poivre
	farine
	huile
	rondelles de citron
	persil

Saucer les poissons dans l'oeuf battu bien assaisonné de sel et de poivre. Il n'est pas nécessaire de vider les poissons s'ils sont très petits.

Les passer dans la farine et les faire dorer lentement dans l'huile.

Servir avec du citron et du persil.

Coquilles de pétoncles

454 g	(1 lb) de pétoncles
½	citron
750 mL	(3 tasses) d'eau
½	c. à thé de sel

Cuire les pétoncles de 6 à 8 minutes dans l'eau bouillante salée et acidulée de jus de citron. Ne pas trop les cuire, car une cuisson prolongée durcit ces mollusques. Réserver le bouillon de cuisson.

Sauce

2	c. à soupe de beurre
2	c. à soupe de farine
500 mL	(2 tasses) de bouillon de cuisson
1	boîte de crème de champignons (284 mL/ 10 oz)
2	tasses de purée de pommes de terre
	poivre
	persil, haché
	chapelure
	fromage râpé (cheddar ou gruyère)

Mélanger sur feu doux le beurre et la farine. Mouiller de 2 tasses de bouillon de cuisson, ajouter la crème de champignons. Remuer jusqu'à épaississement. Assaisonner de poivre et de persil.

Hacher la chair des pétoncles. Garnir les coquilles (6 à 8) bordées de purée de pommes de terre, du hachis de pétoncles et recouvrir de sauce.

Saupoudrer de chapelure et de fromage râpé. Poser une noisette de beurre sur chaque coquille. Faire gratiner au four chaud.

Coquilles pétoncles et crevettes

454	g	(1 lb) de pétoncles
227	g	(½ lb) de crevettes cuites
284	mL	(10 oz) de vin blanc sec
1		panier de champignons frais, tranchés
6		oignons verts
6		c. à soupe de beurre fondu
6		c. à soupe de farine
¼		tasse de persil frais
500	mL	(2 tasses) de lait
		fromage râpé (gruyère ou cheddar)
		chapelure fine

Plonger les pétoncles dans le vin blanc. Amener lentement au point d'ébullition et cuire de 6 à 8 minutes, jusqu'à ce qu'ils soient translucides. Ajouter les crevettes et laisser mijoter environ 5 minutes.

Faire revenir les oignons verts dans un peu de beurre avec le persil et les champignons. Retirer du feu et réserver.

Au beurre fondu, ajouter la farine en brassant, puis le lait. Cuire sans cesser de brasser jusqu'à épaississement.

Mélanger les fruits de mer, le vin et les légumes avec la sauce. Si celle-ci est trop épaisse, y ajouter du lait ou du vin blanc.

Répartir la sauce dans les coquilles. Parsemer de fromage râpé et de chapelure fine. Faire gratiner au four à 190°C (375°F), environ 10 minutes.

Coquille Saint-Jacques

454	g	(1 lb) de pétoncles
750	mL	(3 tasses) d'eau
		quelques feuilles de céleri
1		petit oignon, haché
1		boîte de crème de crevettes (284 mL / 10 oz)
227	g	(½ lb) de champignons frais
1		gousse d'ail, écrasée
		persil, haché
3		c. à soupe de beurre
3		c. à soupe de farine
250	mL	(1 tasse) de lait
250	mL	(1 tasse) de crème 15%
2		c. à soupe de sherry
		fromage cheddar, râpé
		chapelure
		sel, poivre

Faire mijoter les pétoncles de 8 à 10 minutes dans 3 tasses d'eau à laquelle vous ajoutez quelques feuilles de céleri, le petit oignon, du sel et du poivre. Les égoutter.

Faire revenir, dans un peu de beurre, les champignons tranchés, l'ail et le persil. Saler légèrement et poivrer.

Préparer une béchamel avec les 3 c. à soupe de beurre et la farine. Ajouter par petites quantités la crème de crevettes, le lait et la crème en brassant. Terminer avec le sherry. Ajouter le mélange de champignons.

Couper les pétoncles en deux ou en quatre, selon la grosseur. Les séparer dans des coquilles beurrées. Couvrir de sauce, saupoudrer de cheddar et de chapelure.

Cuire au four 15 minutes à 180°C (350°F). Gratiner quelques secondes avant de servir. *Pour 6 personnes*

Gratin de pétoncles

454 g	(1 lb) de pétoncles
2	c. à soupe de beurre
½	tasse d'oignon, haché
½	tasse de céleri, haché
½	tasse de champignons frais, tranchés
¼	tasse de beurre
¼	tasse de farine
½	c. à thé de sel
500 mL	(2 tasses) de lait
1	boîte de crevettes (113 mL / 4 oz)
1	tasse de chapelure fine
2	c. à thé de beurre fondu
¼	tasse de fromage râpé (cheddar ou autre)
	paprika

Faire fondre le beurre et y faire revenir les légumes environ 10 minutes. Préparer une béchamel avec ¼ tasse de beurre, la farine, le sel et le lait. Cuire en brassant jusqu'à consistance voulue.

Ajouter les pétoncles et les crevettes bien égouttées, puis les légumes. Verser dans un plat à gratin beurré. Saupoudrer de chapelure et de noisettes de beurre, de fromage et de paprika.

Cuire au four à 190°C (375°F), 30 minutes.

Pétoncles en friture

454 g	(1 lb) de pétoncles
⅓	tasse de farine
½	c. à thé de sel
1	oeuf battu
⅔	tasse de chapelure fine

Saler les pétoncles. Les passer dans la farine puis dans l'oeuf battu et la chapelure. Dorer dans la friture à 190°C (375°F), de 3 à 4 minutes. *Pour 4 personnes*

Pétoncles piquants

454 g	(1 lb) de pétoncles
	sel
¼	tasse de chapelure fine
1	c. à soupe de beurre
2	c. à thé de jus de citron
1	c. à thé de sauce Worcestershire
	paprika
	persil, haché

Séparer les pétoncles et les saupoudrer légèrement de sel. Les rouler dans la chapelure. Diviser en quatre ou cinq coquilles ou dans un plat peu profond, beurré.

Fondre le beurre, ajouter le jus de citron et la sauce Worcestershire ; verser sur les pétoncles. Cuire au four à 200°C (400°F), environ 10 minutes.

Garnir de paprika et de persil.

Pétoncles sautés

454g	(1 lb) de pétoncles
	eau
	sel et poivre
	beurre fondu
	farine
	huile d'olive
	jus de citron
	persil, haché

Faire bouillir les pétoncles environ 2 minutes dans un peu d'eau assaisonnée. Égoutter et brosser avec du beurre fondu. Les rouler dans de la farine légèrement salée et poivrée, et les faire revenir dans du beurre ou de l'huile d'olive.

Servir avec du jus de citron et du persil. *Pour 3 personnes*

Poisson aux pêches

454 g	(1 lb) de filets de poisson, frais ou congelé (morue, brochet, carpe ou flétan).
¼	tasse de farine
	sel et poivre
	beurre et huile, pour la friture
3	c. à soupe de beurre
2	c. à soupe d'oignon vert, finement haché
1	c. à soupe de poivron vert, haché
2	pêches pelées et coupées en deux, dénoyautées et tranchées
2	c. à thé de sauce soya
125 mL	(½ tasse) de vin blanc sec

Bien essuyer le poisson avec du papier absorbant. Assaisonner la farine de sel et de poivre. Rouler le poisson légèrement dans la farine. Chauffer le beurre et l'huile (moitié / moitié) en quantité suffisante pour couvrir le fond du poêlon. Faire frire le poisson pendant 5 minutes de chaque côté.

Faire fondre le beurre dans une petite casserole, ajouter l'oignon vert et le poivron et cuire pendant 2 minutes. Ajouter les tranches de pêches, la sauce soya et le vin blanc. Cuire à feu doux pendant 5 minutes en mélangeant de temps en temps. Transférer le poisson sur un plat chaud et recouvrir de sauce. *Pour 4 personnes*

Poisson et fruits en salade

1 kg	(2 lb) de poisson blanc (morue, aiglefin, sole), cuit et coupé en morceaux
1	boîte de mandarines égouttées (284 mL/ 10 oz)
1	tasse de melon d'eau, en boules ou en cubes
¾	tasse de raisins verts, épépinés et coupés en deux
1	grosse poire, coupée en dés
½	tasse de raisins secs
1	banane moyenne, tranchée

Mélanger tous les ingrédients, sauf la banane. Réfrigérer. Avant de servir, ajouter la banane et l'une des sauces suivantes. Mêler légèrement et servir sur de la laitue. *Pour 6 à 8 personnes.*

Sauce à l'orange

¾	tasse de yogourt à l'orange
1	c. à thé de gingembre

ou

Sauce à la crème sure

¾	tasse de crème sure
2	c. à soupe de ciboulette, hachée

Mélanger tous les ingrédients et réfrigérer.

Poisson tempura

(Recette tirée de Time Life — Japon)

1	kg	(2 lb) de darnes de flétan ou de filets, coupés en cubes de 2,5 cm (1 po) chacun
		farine
1		jaune d'oeuf
500	mL	(2 tasses) d'eau glacée
⅛		c. à thé de poudre à pâte
1⅔		tasse de farine
		huile végétale, pour la friture

Enfariner légèrement le poisson. Combiner le jaune d'oeuf, l'eau et la poudre à pâte. Quelques minutes avant la cuisson, ajouter la farine prétamisée et mêler. Si la pâte est trop épaisse, éclaircir avec quelques gouttes d'eau glacée. Tremper quelques morceaux de poisson dans la pâte et cuire en pleine friture à 190°C (375°F). Cuire de 2 à 3 minutes en tournant pour brunir uniformément. Égoutter sur du papier absorbant et servir rapidement. Compléter la cuisson des morceaux à 190°C (375°F). Servir avec sauce trempette.

Sauce trempette

75	mL	(¼ tasse) de saké sucré *ou* 3 c. à soupe de sherry sec
75	mL	(¼ tasse) de sauce soya
250	mL	(1 tasse) de bouillon de légumes ou de poisson
		sel et poivre

Porter à ébullition tous les ingrédients. Égoutter et refroidir à la température de la pièce. Assaisonner au goût. Diviser la sauce en portions individuelles.

Poisson yakatori

filets de poisson, coupés en cubes de 2,5 cm
(1 po) (aiglefin, flétan, morue, perche, sébaste)
oignons verts, coupés en morceaux de 3¾ cm
(1½ po)
sauce soya
saké
gingembre

Combiner la sauce soya, le saké et un peu de gingembre (1 portion de sauce soya pour 3 portions de saké). Mariner le poisson toute la nuit. Enfiler sur des petites brochettes, 2 cubes de poisson et 1 morceau d'oignon vert. Badigeonner de sauce teriyaki. Griller à 15 cm (6 po) de l'élément, de 8 à 10 minutes en tournant à mi-cuisson. Badigeonner de nouveau et cuire jusqu'à ce que le poisson s'effeuille à la fourchette.

Sauce teriyaki

saké sucré *ou* sherry sec
sauce soya
bouillon de poulet

Mélanger 1 portion de saké sucré *ou* sherry sec pâle, 1 partie de sauce soya et 1 partie de bouillon de poulet.

Poissons et crustacés en salade

3	tasses de poisson ou de crustacés, cuit
1	tasse de céleri, coupé en cubes
1	tasse d'ananas, coupé en cubes
1	poivron vert, coupé en cubes
1	pied de laitue, haché

Sauce

	le jus d'un demi-citron
3	c. à soupe d'huile d'olive
½	c. à thé de sel
	poivre

Combiner le poisson, le céleri, l'ananas, le poivron et la laitue. Mélanger tous les ingrédients de la sauce, la verser sur la salade et bien mélanger.

Dresser la salade sur un plat long et garnir de demi-tranches d'ananas, de persil et de radis.

Quenelles de brochet avec sauce aux crevettes

¼		tasse de beurre
125	mL	(½ tasse) d'eau
½		tasse de farine
¼		c. à thé de sel
2		oeufs
454	g	(1 lb) de brochet
¼		tasse de graisse de rognons, ou autre
1		pincée de muscade
3		blancs d'oeufs
85	mL	(⅓ tasse) de crème 35%
⅓		tasse de beurre ramolli
		sel et poivre

Dans une casserole épaisse, chauffer la demi-tasse d'eau et le beurre jusqu'à ébullition. Tamiser la farine avec le sel. Ajouter toute la farine dans la casserole, en brassant jusqu'à ce que le mélange se détache des bords et forme une boule. Retirer du feu, ajouter les 2 oeufs, un à la fois, battre jusqu'à ce que le mélange soit lisse. Laisser refroidir.

Passer le brochet, coupé en morceaux, ainsi que le gras dans le hachoir. Assaisonner avec une pincée de muscade, saler et poivrer. Incorporer les 3 blancs d'oeufs non battus ainsi que la crème et le beurre ramolli. Bien mêler jusqu'à ce que le tout soit homogène. Réfrigérer 12 heures.

À l'aide de deux cuillères à soupe, former des quenelles en passant les cuillères au préalable à l'eau chaude.

Placer les quenelles dans une casserole beurrée, sans qu'elles se touchent. Ajouter de l'eau bouillante salée pour couvrir et pocher 10 minutes. Retirer les quenelles de l'eau avec une spatule trouée et égoutter sur des serviettes de papier.

Servir chaudes avec la sauce aux crevettes.

Sauce aux crevettes

3	c. à soupe de farine
3	c. à soupe de beurre
	jus de palourdes (284 mL / 10 oz)
	sel et poivre
250 mL	(1 tasse) de crème 15%
125 mL	(½ tasse) de lait
1	jaune d'oeuf
1	tasse de crevettes, coupées

Fondre le beurre et ajouter la farine en brassant, sur feu doux. Ajouter le jus sans cesser de brasser, puis le sel et le poivre. Brasser le jaune d'oeuf dans la crème et le lait.

Remettre la sauce sur feu doux en ajoutant la crème, l'oeuf et le lait mélangés et brasser jusqu'à épaississement. Ne pas faire bouillir. Ajouter les crevettes.

Ragoût de mer

454	g	(1 lb) de filets de poisson, frais ou congelé
454	g	(1 lb) de pétoncles
170	g	(6 oz) de chair de crabe
1		tasse de céleri, haché
½		tasse de beurre
½		tasse d'oignon blanc, haché
1		boîte de tomates (795 mL / 28 oz)
625	mL	(2½ tasses) d'eau bouillante
1½		c. à thé de sel
½		c. à thé d'ail, haché
½		c. à thé de sucre
2		feuilles de laurier
¼		c. à thé de basilic
¼		c. à thé de poivre
1		boîte de sauce aux tomates (212 mL / 7½ oz)

Couper les filets, frais ou congelés, en morceaux de 5 cm (2 po). Rincer les pétoncles dans de l'eau froide, couper les plus gros en deux. Couper la chair de crabe en bouchées.

Dans une grande casserole, faire revenir le céleri et l'oignon dans le beurre. Ajouter les autres ingrédients, sauf le poisson, les pétoncles et le crabe. Bouillir 10 minutes en brassant de temps en temps.

Ajouter le poisson et les pétoncles, faire mijoter de 5 à 10 minutes. Ajouter la chair de crabe et réchauffer.

Retirer les feuilles de laurier et servir avec des croûtons.

Filets de rougets à l'orange

1 kg	(2 lb) de filets de rougets, congelés
¼	tasse d'oignon, râpé
2	c. à soupe de jus d'orange
2	c. à thé de zeste d'orange, râpé
2	c. à soupe de jus de citron
½	c. à thé de sel
⅛	c. à thé de poivre
⅛	c. à thé de muscade

Décongeler les filets et diviser en six portions. Placer sur une tôle bien graissée, la peau en dessous.

Combiner l'oignon, les jus, le zeste et le sel, verser sur le poisson, couvrir et placer 30 minutes au réfrigérateur pour mariner.

Saupoudrer de poivre et de muscade et cuire au four à 180°C (350°F), de 25 à 30 minutes. *Pour 6 personnes*

Rougets aux feuilles de vigne, grillés au four

4	rougets
	aneth, au goût
	fines herbes, au goût
125 mL	d'huile d'olive
	feuilles de vigne

Envelopper les petits poissons sans les vider (leur foie est un mets de choix). Assaisonner d'herbes au goût, puis les placer dans de l'huile d'olive durant 1 heure.

Placer chaque rouget à l'extrémité d'une feuille de vigne (choisir les plus grandes), puis la rouler sur une grille huilée, en plaçant en dessous l'extrémité de la feuille pour l'empêcher de se dérouler.

Griller au four 6 minutes de chaque côté, ou jusqu'à ce que les feuilles commencent à noircir.

Chaque convive « déshabille » son poisson.

Rouille

2	gousses d'ail
2	piments rouges
1	pincée de sel
	huile
2	jaunes d'oeufs
2	c. à soupe de fumet de poisson

Dans le mortier, piler l'ail et le piment pour obtenir une purée. Mélanger à celle-ci les jaunes d'oeufs et une pincée de sel.

Prendre le pilon d'une main, commencer à tourner, en ajoutant l'huile par petit filet, et monter comme une mayonnaise.

Au dernier moment, ajouter 2 c. à soupe de fumet de poisson.

Pour la bouillabaisse

Couper les croûtons de pain et les faire blondir dans l'huile chaude. Les frotter à l'ail et les servir avec la rouille.

Salade arc-en-ciel

454 g	(1 lb) de poisson blanc cuit, en morceaux
227 g	(½ lb) de saumon fumé, en cubes
454 g	(1 lb) de crevettes cuites
1	tasse de croûtons à l'ail
2	tasses de laitue
1	tasse de céleri, tranché en diagonale
	persil
	vinaigrette (votre recette ou du commerce)

Préparer d'abord les croûtons à l'ail. Mélanger 1 gousse d'ail écrasée et ¼ de tasse de beurre fondu. En tartiner deux tranches de pain de chaque côté et détailler en petits dés. Faire dorer au four à 180°C (350°F), de 10 à 15 minutes. Refroidir.

Tapisser un grand plat de laitue, non un bol, pour faire ressortir les différentes teintes de la laitue ; disposer par rangées, les croûtons sur la laitue, le saumon fumé à côté, les crevettes, le poisson blanc (flétan ou autre) et finir par le céleri. Décorer de persil.

Au moment de servir, ajouter la vinaigrette.

Salade de crabe hawaïenne

340 g	(12 oz) de crabe, frais ou décongelé
½	tasse de céleri, coupé en dés
⅓	tasse d'amandes grillées, coupées en deux
¼	tasse de poivron vert, coupé en dés
¾	tasse de morceaux d'ananas, égouttés
½	tasse de mayonnaise
½	c. à thé de cari
¼	c. à thé de sel
2	c. à soupe de noix de coco, râpé et grillé

Égoutter le crabe et le défaire en morceaux, incorporer au céleri, aux amandes, au poivron vert et aux ananas. Réfrigérer. Mélanger la mayonnaise, la poudre de cari et le sel. Au moment de servir, incorporer la sauce à la salade de crabe. Saupoudrer de noix de coco.

Salade de poisson et de fruits frais

454	g	(1 lb) de filets de sole (ou de flet) congelés
3		tasses de fruits frais, coupés en dés (pomme, poire, raisins, etc.)
		jus d'une limette
125	mL	(½ tasse) de compote de pommes
125	mL	(½ tasse) de yogourt nature
½		c. à thé de cannelle moulue
1		c. à soupe de jus de citron
½		c. à thé de zeste de citron
¼		tasse de céleri, haché
		sel et poivre

Déballer le poisson et laisser reposer à la température de la pièce pendant 20 minutes. Couper les filets à moitié congelés, en cubes de 2,5 cm (1 po). Saler, poivrer et les envelopper dans du papier d'aluminium. Mettre les papillotes dans de l'eau bouillante. Faire cuire pendant 25 minutes en les retournant une fois. Sortir le poisson des papillotes et égoutter. Laisser refroidir.

Dans un grand saladier, mélanger les fruits et le jus de limette. Mélanger à part la compote de pommes, le yogourt, la cannelle, le jus de citron et le zeste. Ajouter aux fruits. Y incorporer le poisson et le céleri sans trop brasser. Mettre au frais. *Pour 6 personnes*

Salade de saumon fumé

454 g	(1 lb) de saumon fumé
125 mL	(½ tasse) de crème sure
1 à 2	c. à soupe d'oignon vert, haché
½	c. à thé de sel de céleri
⅛	c. à thé de poivre
1	c. à thé de persil, haché
	laitue

Détailler le saumon en bouchées. Mélanger légèrement avec la crème sure, l'oignon, le sel de céleri, le poivre et le persil. Servir dans des coupes de laitue.

Salade de thon Waldorf

1	boîte de thon (170 mL / 6 oz ou 198 mL / 7 oz)
1	tasse de pomme, non pelée et coupée en dés
1	c. à soupe de jus de citron
1	tasse de céleri, tranché
½	tasse de raisins secs
85 mL	(⅓ tasse) de mayonnaise
¼	tasse de noix, hachées
	laitue

Égoutter le thon et le briser en bouchées. Asperger la pomme de jus de citron. Mélanger ensemble le thon, la pomme, le céleri, les raisins et la mayonnaise. Garnir de noix. Servir dans des coupes de laitue.

Sauce à cocktail pour fruits de mer

1	c. à soupe de mayonnaise
3	c. à soupe de ketchup
2	c. à thé de jus de citron
1	c. à thé de raifort
1	c. à thé de moutarde préparée
¼	c. à thé de sauce Worcestershire
2	gouttes de sauce Tabasco

Mélanger tous les ingrédients et servir très froid.

Sauce au fenouil

200 mL	(¾ tasse) de crème 35%
1	c. à soupe de jus de citron
1	c. à thé de miel
1	c. à thé de graines de fenouil moulues *ou*
2	c. à soupe de fenouil en branches, haché
	sel et poivre, au goût

Fouetter la crème jusqu'à ce qu'elle se tienne bien. Dans un petit plat, mélanger le miel et le jus de citron ; incorporer délicatement à la crème fouettée. Ajouter le fenouil, saler, poivrer et remuer un peu pour mélanger. Garder au froid jusqu'au moment de servir.

Sauce hollandaise

3	jaunes d'oeufs
2	c. à soupe de jus de citron
⅓	tasse de beurre
2	c. à soupe d'eau chaude
¼	c. à thé de sel
	poivre rouge

Dans la partie supérieure d'un bain-marie, placer les jaunes d'oeufs. Battre avec une cuillère en bois jusqu'à ce qu'ils soient bien mélangés mais non mousseux.

Cuire au bain-marie en fouettant jusqu'à ce que la sauce commence à épaissir. Verser sur le poisson et garnir de persil frais et de paprika. Cette sauce se sert chaude ou froide.

Sauce tartare

250 mL	(1 tasse) de mayonnaise
1	c. à soupe de câpres, hachées
1	c. à soupe de cornichons sucrés, hachés
1	c. à soupe d'olives, hachées
1	c. à soupe de persil, haché

ou

250 mL	(1 tasse) de mayonnaise
½	tasse de cornichons sucrés, hachés
1	c. à soupe de persil, haché

Combiner tous les ingrédients juste avant de servir.

Sauce veloutée

(pour saumon poché)

500	mL	(2 tasses) de court-bouillon (liquide de cuisson du saumon)
4		c. à thé de beurre ramolli
2		c. à soupe de farine
2		jaunes d'oeufs
125	mL	(½ tasse) de crème 15%
		sel et poivre, au goût
1		c. à thé de jus de citron
½		c. à thé d'aneth
		persil, haché fin

Faire pocher le saumon. Le retirer du court-bouillon et le déposer sur un plat chaud. Verser le liquide dans une petite casserole à travers une passoire, et amener rapidement à ébullition.

Bien mélanger le beurre et la farine et incorporer ce mélange homogène au liquide. Laisser cuire, en brassant, afin que le mélange épaississe tout en restant lisse. Mélanger les jaunes d'oeufs et la crème, ajouter à la sauce et continuer à cuire, sans faire bouillir. Ajouter les derniers ingrédients.

Verser cette sauce sur les darnes de saumon.

Bedons de saumon

8	tranches minces de saumon fumé
1	tasse de petites crevettes, cuites ou en conserve
250 mL	(1 tasse) de crème fouettée, non sucrée
1	c. à soupe de raifort
	sel et poivre, au goût

Mélanger les crevettes avec la crème fouettée, le raifort, du sel et du poivre.

Mettre ce mélange par cuillère à soupe sur le bout d'une tranche de saumon et rouler. Placer le rouleau sur un nid de laitue hachée et décorer avec un quartier de citron, des tranches de concombre et des olives noires. *Servir comme hors-d'oeuvre en entrée.*

Fettucine à la sauce crème de saumon

1		boîte de saumon (212 mL / 7½ oz)
		jus de saumon
113	g	(4 oz) de fettucine aux épinards
2		c. à soupe de beurre
1		gousse d'ail, écrasée
¼		tasse d'oignon vert, tranché mince
1		tasse de macédoine de légumes
2		c. à soupe de farine
250	mL	(1 tasse) de lait
1		pincée de poivre de cayenne
½		tasse de fromage cheddar moyen, râpé
1		c. à soupe de fromage parmesan

Égoutter le saumon en réservant le jus; enlever la peau et briser le saumon en morceaux.

Cuire les pâtes selon le mode d'emploi sur l'emballage.

Entre-temps, attendrir l'ail, l'oignon et la macédoine de légumes dans le beurre. Incorporer la farine. Verser le jus de saumon et le lait, et cuire en brassant jusqu'à consistance épaisse et onctueuse. Ajouter le poivre et le fromage cheddar; brasser pour faire fondre le fromage. Ajouter le saumon et réchauffer le tout. Verser sur les pâtes égouttées.

Saupoudrer de fromage parmesan et faire légèrement gratiner.

Fettucine, saumon et courgettes

454	g	(1 lb) de fettucine
2		gousses d'ail
2		petites courgettes, tranchées mince
¼		tasse de beurre
¼		tasse de farine
450	mL	(1¾ tasse) de lait
1		boîte de saumon égoutté (réserver le jus), (212 mL/7½ oz)
2		oignons verts, tranchés mince
		sel et poivre noir, frais moulu
		fromage parmesan, râpé

Faire cuire les pâtes dans une grande marmite d'eau bouillante environ 10 minutes, ou au goût.

Pendant la cuisson des pâtes, faire sauter l'ail dans 1 c. à soupe de beurre pendant 1 minute. Ajouter les courgettes et faire sauter 2 minutes. Enlever de la poêle avec une spatule et réserver. Mettre dans la poêle le beurre qui reste. Incorporer la farine et brasser. Quand des bulles se forment, incorporer graduellement le lait et le jus du saumon. Fouetter à feu moyen.

Quand la préparation est épaissie, y ajouter le saumon défait en assez gros morceaux, puis les courgettes et les oignons. Saler et poivrer, au goût.

Quand la préparation est bien chaude, égoutter les pâtes et les mélanger avec la sauce au saumon. Saupoudrer généreusement de fromage parmesan. *Pour 4 personnes*

Guacamole au saumon (trempette)

1	avocat, bien mûr
227 g	(½ lb) de saumon frais cuit *ou* 1 boîte de saumon (220 mL / 7¾ oz)
125 mL	(½ tasse) de fromage cottage
¼	tasse d'oignon vert, haché
2	c. à soupe de jus de citron
½	c. à thé de sel d'ail
⅛	c. à thé de poivre

Couper l'avocat en deux, enlever le noyau et évider la chair. Réduire le saumon et l'avocat en purée à l'aide d'un malaxeur. Ajouter le reste des ingrédients. Servir comme trempette, après avoir bien mélangé.

Mousse au saumon

1½		tasse de saumon en conserve
1		c. à soupe de gélatine sans saveur
3		c. à soupe d'eau froide
250	mL	(1 tasse) de mayonnaise
200	mL	(¾ tasse) de crème de tomate
		sel et poivre

Faire gonfler la gélatine dans l'eau froide, dissoudre au bain-marie. Mélanger la mayonnaise et la crème de tomate, ajouter le saumon émietté et la gélatine dissoute, assaisonner au goût. Verser dans un moule en forme de poisson ou dans 6 moules individuels. *Pour 6 personnes*

« Nuggets » ou pépites de saumon

439	g	(15½ oz) de saumon en conserve
1		gros oeuf, battu
125	mL	(½ tasse) de mayonnaise
1½		c. à thé de moutarde forte
¼		tasse de noix, hachées
1		tasse de fine chapelure de pain
1		tasse de flocons de maïs, écrasés

Écraser le saumon et le jus. Mêler avec les quatre ingrédients suivants. Ajouter la chapelure de pain, et former des boules de 2 mm (¾ po).

Rouler dans les flocons de maïs écrasés. Cuire sur une tôle au four préchauffé à 230°C (450°F) pendant 10 minutes, ou jusqu'à ce que les boules soient dorées. Piquer de cure-dents et servir avec de la mayonnaise au cari. Garnir le plat de persil. *Environ 5 douzaines*

Saumon ambrosia

4		tranches de saumon de 2,5 cm (1 po) d'épaisseur chacune
		sel
1		tasse d'oignon, haché finement
1		tasse de noix de coco
1		tasse de persil, haché
3		c. à soupe de beurre fondu
4		oeufs moyens *ou* 3 gros oeufs
250	mL	(1 tasse) de crème 15%
1½		c. à thé de paprika

Bien essuyer les tranches de saumon, saupoudrer de sel. Placer les oignons, la noix de coco et le persil dans un plat de cuisson bien beurré. Y placer les tranches de saumon et y verser le beurre fondu.

Battre légèrement les oeufs avec la crème, verser sur le saumon, saupoudrer de paprika. Cuire au four à 230°C (450°F), 15 minutes. *Pour 4 personnes*

NOTE : Si le poisson est congelé, dégeler légèrement et augmenter de 25 minutes le temps de cuisson.

Saumon poché avec sauce au fenouil

4		tranches de saumon de 2,5 cm (1 po) d'épaisseur chacune
375	mL	(1½ tasse) d'eau
375	mL	(1½ tasse) de vin blanc
1		petit oignon, coupé en tranches
1		carotte, pelée et tranchée
1		morceau de céleri, haché
2		tiges de persil, hachées
1		c. à thé de sel
1		feuille de laurier
1		tranche de citron

Rincer les tranches de saumon à l'eau froide et sécher sur du papier absorbant.

Préparer un court-bouillon avec les autres ingrédients. Mijoter 15 minutes, couvert, et laisser refroidir.

Ajouter ensuite les tranches de saumon et cuire de 10 à 12 minutes, couvert, en mijotant doucement. Puis retirer du feu, bien égoutter et réfrigérer au moins 2 heures. Servir avec une sauce au fenouil.

Sauce au fenouil

200	mL	(¾ tasse) de crème 35%
1		c. à soupe de jus de citron
1		c. à thé de miel
1		c. à thé de fenouil séché en poudre *ou*
2		c. à soupe de fenouil frais, haché

Bien mélanger ces ingrédients et réfrigérer. *Pour 4 personnes*

Saumon à la sauce Choron

4	darnes de saumon, d'environ 2,5 cm (1 po) d'épaisseur chacune

Court-bouillon

1	petit oignon, tranché
1	branche de céleri, tranchée
170 mL	(⅔ tasse) de vin blanc
335 mL	(1⅓ tasse) d'eau
1	feuille de laurier
½	c. à soupe de jus de citron
½	c. à thé d'épices à marinades
	sel et poivre

Sauce Choron

125 mL	(½ tasse) de vin blanc
2	c. à soupe de vinaigre à l'estragon
1	c. à thé d'oignon, haché fin
¼	c. à thé d'estragon, séché
2	grains de poivre, écrasés *ou* ⅛ c. à thé de poivre moulu
3	jaunes d'oeufs, battus
125 mL	(½ tasse) de beurre fondu
1½	c. à thé de pâte de tomate
¼	c. à thé de jus de citron
1	pincée de poivre de cayenne
	sel

Placer tous les ingrédients du court-bouillon dans un poêlon pouvant contenir exactement les darnes de saumon, rangées côte à côte. Amener à ébullition, baisser le feu et laisser mijoter, couvert, pendant 20 minutes. Passer à travers un tamis. Verser le liquide de nouveau dans le poêlon. Déposer les darnes de saumon dans ce bouillon et faire mijoter doucement jusqu'à ce que le saumon s'effeuille à la fourchette, environ 10 minutes de cuisson par 2,5 cm (1 po) d'épaisseur de saumon.

Préparation de la sauce Choron

Verser les 5 premiers ingrédients dans une petite casserole. Amener à ébullition et laisser bouillir environ 3 minutes pour réduire au tiers. Tamiser au-dessus d'un bain-marie placé sur de l'eau brûlante mais non bouillante. (Si l'eau bout, la sauce risque de se séparer.) Ajouter les jaunes d'oeufs battus et remuer vivement au fouet métallique pour obtenir une consistance légère et mousseuse. Verser le beurre fondu très graduellement, en fouettant constamment pendant que la sauce épaissit. Quand la consistance permet de napper le dos d'une cuiller, enlever du feu et incorporer la pâte de tomate et le jus de citron. Poivrer et saler.

Placer les darnes cuites sur un plat chaud. (Le court-bouillon peut se congeler pour servir de nouveau comme tel, comme base de sauce ou pour allonger une soupe.) Napper les darnes d'un peu de sauce chaude et garnir comme vous le désirez. Présenter le reste de la sauce séparément. Accompagner de pommes de terre persillées, d'asperges cuites à la vapeur ou de haricots verts. *Pour 4 personnes*

Darnes de saumon

(avec sauce à l'orange et au beurre)

| 2 | darnes de saumon tranchées, d'au moins 2,5 cm (1 po) d'épaisseur chacune |
| 1 | c. à soupe de beurre fondu |

Marinade

85 mL	(⅓ tasse) de vin blanc sec
85 mL	(⅓ tasse) de jus d'orange
1	oignon vert, haché (la partie blanche)

Mélanger tous les ingrédients.

Sauce à l'orange et au beurre

	marinade
6	c. à soupe de beurre
1	grosse gousse d'ail, pelée et broyée
6	c. à soupe de crème 35%
1½	c. à soupe de tiges d'oignons verts, hachées sel et poivre

Préparer d'abord les darnes de saumon. Les placer dans un plat creux. Arroser de la marinade. Réserver, couvert, pendant 1 heure. Enlever les darnes de la marinade et placer dans une lèchefrite graissée. Badigeonner avec la moitié du beurre fondu. Griller à 5 ou 10 cm (2 ou 4 po) de la source de chaleur, 10 minutes par 2,5 cm (1 po) d'épaisseur de poisson, en retournant une fois à la mi-cuisson et en badigeonnant avec le reste du beurre.

Puis préparer la sauce. Après avoir fait mariner les darnes de saumon, verser la marinade dans une petite casserole. Amener à ébullition et faire bouillir pour ré-

---

duire le liquide à environ 3 c. à soupe. Baisser le feu à chaleur moyenne. Incorporer le beurre, en fouettant, une cuillerée à la fois. Puis ajouter, en brassant l'ail et la crème. Cuire 1 minute, retirer du feu. Ajouter les oignons verts, saler et poivrer au goût. Prélever un peu de sauce pour napper les darnes de saumon, et présenter le reste séparément, une fois le poisson dans les assiettes.
Pour 2 personnes

Sébaste grillé, sauce piquante

1	kg	(2 lb) de sébaste ou autres filets de poisson de l'Atlantique nord
85	mL	(⅓ tasse) de beurre fondu
85	mL	(⅓ tasse) de ketchup
85	mL	(⅓ tasse) de limonade congelée concentrée et décongelée
1		c. à soupe de moutarde préparée
½		c. à thé de sel
¼		c. à thé de sel d'ail
1		feuille de laurier, effritée

Faire décongeler le poisson, l'égoutter et le disposer dans un plat peu profond. Combiner le reste des ingrédients, bien mélanger.

Verser le mélange sur les filets de poisson en les retournant pour bien les enrober ; couvrir. Laisser mariner au réfrigérateur au moins 30 minutes.

Disposer les filets en une seule couche dans un plat beurré allant au four de 37,5 cm x 25 cm x 2,5 cm (15 po x 10 po x 1 po). Verser à la cuillère le surplus de sauce sur les filets.

Faire griller sous le gril, à environ 10 cm (4 po) de la source de chaleur, de 8 à 10 minutes. *Pour 6 personnes*

Sébaste à l'italienne

1	kg	(2 lb) de filets de sébaste, frais ou congelé
75	mL	(¼ tasse) d'huile d'olive ou autre
½		c. à thé de sel
2		tasses d'oignon, émincé
1		petite gousse d'ail, pilée
250	mL	(1 tasse) de sauce tomate
½		c. à thé de sucre
½		c. à thé d'origan
		quartiers de citron ou de lime

Décongeler le poisson. Faire chauffer 2 c. à soupe d'huile d'olive ou autre, dans une grande poêle. Disposer les filets, côté peau sur le dessous, dans la poêle, en les faisant légèrement chevaucher au besoin. Saupoudrer de ¼ c. à thé de sel. Faire cuire à feu modéré jusqu'à ce que les filets soient dorés sur le dessous, environ de 8 à 10 minutes.

Dans une autre poêle, faire revenir l'oignon et l'ail. Cuire jusqu'à ce que l'oignon soit tendre mais non doré. Ajouter la sauce tomate, le sucre et ¼ c. à thé de sel. Mélanger. Faire mijoter à feu doux pendant 5 minutes ou jusqu'à ce que le poisson s'émiette facilement à la fourchette. Au moment de servir, saupoudrer d'origan. Servir avec des quartiers de citron ou de lime. *Pour 6 personnes*

Filets de sole à la romaine

1 kg	(2 lb) de filets de sole ou de flet, congelés
¼	tasse d'oignon, haché
1	concombre pelé, épépiné et coupé en tranches
1	citron, coupé en rondelles
1	tomate, coupée en rondelles
75 mL	(¼ tasse) de vin blanc
2	c. à soupe de concentré de tomate
1	c. à thé de vinaigrette italienne
1	c. à thé de sucre
½	c. à thé de sel
¼	c. à thé de sauce aux piments forts
¼	c. à thé de poivre

Décongeler partiellement les filets et couper chaque morceau en trois portions. Tapisser de papier d'aluminium un plat peu profond allant au four, en laissant assez de papier pour pouvoir recouvrir le poisson. Disposer le poisson sur le papier d'aluminium; mélanger tous les autres ingrédients et les verser à la cuillère sur le poisson. Fermer hermétiquement. Cuire au four préchauffé à 200°C (400°F), pendant 20 minutes. *Pour 6 personnes*

Roulés de sole en sauce tropicale

1	kg	(2 lb) de filets de sole
1		c. à thé de sel
1		tasse de carottes, grossièrement râpées
¼		tasse d'oignon, finement haché
75	mL	(¼ tasse) de beurre fondu
1		boîte d'ananas broyés (540 mL / 19 oz)
¼		c. à thé de sel

Décongeler et saler légèrement les filets. Faire sauter les carottes et l'oignon dans la moitié du beurre fondu jusqu'à ce que l'oignon soit tendre et ajouter ¼ de c. à thé de sel. Égoutter les ananas en réservant le jus. Incorporer 1 tasse d'ananas (réserver le reste des ananas pour la sauce tropicale) dans le mélange de légumes. Farcir les filets uniformément et les rouler, en disposant le côté plié vers le fond d'un plat graissé allant au four de 27,5 cm x 20 cm x 5 cm (11 po x 8 po x 2 po). Arroser les roulés du reste de beurre fondu. Cuire au four à 230°C (450°F), environ 20 minutes.

Sauce tropicale

250	mL	(1 tasse) de jus d'ananas
2		c. à soupe de vinaigre
1		c. à soupe de cassonade
1		c. à soupe de fécule de maïs
2		c. à thé de sauce soya
½		poivron vert moyen, coupé en tranches fines

Combiner le jus d'ananas, le vinaigre, la cassonade, la fécule de maïs et la sauce soya. Faire cuire en remuant

→

constamment jusqu'à ce que le mélange soit transparent et épaissi. Ajouter en remuant le poivron et les ananas réservés. Réchauffer. Servir sur les roulés de sole. *Pour 6 personnes*

Sole amandine

454 g	(1 lb) de filets de sole
2	c. à soupe de beurre
¼	c. à thé de sel
	paprika
2	c. à soupe de beurre fondu
1	c. à soupe de jus de citron
¼	tasse de morceaux d'amandes blanchies
	persil frais

Placer les filets en une rangée dans un plat graissé allant au four. Les brosser avec du beurre. Saupoudrer de sel et de paprika et placer au gril à 10 cm (4 po) de la chaleur, 10 minutes.

Durant le temps de cuisson au gril, préparer la sauce. Fondre le beurre, y dorer les amandes et ajouter le jus de citron. Verser sur les filets et garnir de persil frais.

Sole meunière

1 kg	(2 lb) de filets de sole, congelés
	sel, poivre, paprika
½	tasse de farine
2	c. à soupe de beurre
2	c. à soupe d'huile
¼	tasse d'amandes, effilées
¼	tasse de persil, haché
2	c. à soupe de jus de citron, frais

Faire décongeler le poisson jusqu'à ce que les filets se séparent. Essuyer les filets avec du papier absorbant. Les saupoudrer de sel, de poivre et de paprika et les passer dans la farine. Faire fondre le beurre dans une grande poêle et y ajouter l'huile. Il devrait y avoir environ ¾ cm (¼ po) de matière grasse. Faire chauffer à feu vif sans faire fumer. Faire griller le poisson d'un côté jusqu'à ce qu'il soit doré, puis faire griller l'autre côté. (Le temps total de cuisson est d'environ 6 à 7 minutes.) Disposer les filets sur un plat de service.

Mettre les amandes dans la poêle, les faire revenir jusqu'à ce qu'elles soient grillées. Ajouter le persil et le jus de citron. Verser sur le poisson. *Pour 6 personnes*

Bouillabaisse à la canadienne

3		oignons blancs, hachés
2		gousses d'ail, écrasées
75	mL	(¼ tasse) d'huile
2,25	L	(9 tasses) d'eau fraîche
1		tasse de tomates en conserve
1		c. à thé de sel
½		c. à thé de poivre
¼		c. à thé de thym
¼		c. à thé de safran
¼		c. à thé de sarriette
1		feuille de laurier
454	g	(1 lb) de filet d'aiglefin
454	g	(1 lb) de filet de sole
454	g	(1 lb) de filet de morue
75	mL	(¼ tasse) de jus de citron
454	g	(1 lb) de crabe ou homard, en conserve

Faire chauffer l'huile pour y attendrir les oignons et l'ail. Ajouter les tomates, l'eau et les assaisonnements. Amener à ébullition.

Couper le poisson cru en morceaux de 5 cm (2 po) et l'ajouter au bouillon chaud. Ajouter le jus de citron, couvrir et cuire 10 minutes. Ajouter le crabe ou le homard et cuire pour réchauffer.

Servir le bouillon dans des assiettes à soupe avec des morceaux de poisson et beaucoup de croûtons. *Pour 8 à 10 personnes*

Chaudrée de poisson épicée

454	g	(1 lb) de filets de poisson, congelés
¼		tasse de beurre
½		tasse d'oignons, coupés en dés
½		tasse de céleri, coupé en dés
⅓		tasse de poivron vert, coupé en dés
875	mL	(3½ tasses) d'eau
1		boîte de tomates (540 mL / 19 oz)
1		boîte de jus de tomates (540 mL / 19 oz)
85	mL	(⅓ tasse) de catsup aux tomates
½		tasse de riz
1		bouquet garni
½		c. à thé de paprika
1		c. à thé de sel
2		gouttes de sauce Tabasco
1		c. à thé de sauce Worcestershire

Laisser dégeler légèrement les filets pour pouvoir les couper en cubes. Fondre le beurre dans une grande casserole épaisse et cuire les légumes environ 5 minutes.

Ajouter l'eau, les tomates, le jus de tomates, le catsup, le riz et le bouquet garni (2 c. à soupe d'épices à marinades et 2 gousses d'ail, coupées, dans un sac à épices). Mijoter 30 minutes.

Ajouter les assaisonnements et le poisson. Mijoter de 8 à 10 minutes ou jusqu'à ce que le poisson s'effeuille facilement à la fourchette.

Retirer le bouquet garni avant de servir. *Pour 8 personnes*

Chaudrée poivrée

1	boîte de crème de crevettes condensée (284 mL / 10 oz)
250 mL	(1 tasse) de lait homogénéisé
1	petit poivron rouge doux
1	oignon vert entier, tranché fin
1	branche de céleri, tranchée en diagonale
1	boîte de saumon (220 mL / 7¾ oz)
1	pincée de poivre de cayenne
1	c. à soupe de sherry sec

Verser la crème de crevettes et le lait dans une casserole moyenne et cuire à feu modéré en brassant pour homogénéiser.

Épépiner le poivron, le découper en fines rondelles et couper en morceaux de 2,5 cm (1 po) de longueur. Quand la soupe est chaude, ajouter le poivron et les autres légumes, puis le saumon défait en morceaux, ainsi que son jus. Couvrir et laisser sur le feu pour bien réchauffer tous les ingrédients, soit environ 3 minutes.

Goûter avant d'ajouter le poivre de cayenne et le sherry et rectifier l'assaisonnement si désiré. *Pour 3 ou 4 personnes*

Chaudrée de saumon et de poireaux

1	boîte de saumon (212 mL / 7½ oz)
750 mL	(3 tasses) de liquide (jus du saumon et bouillon de poulet)
1½	tasse de pommes de terre, pelées et coupées en cubes
2	gros poireaux, coupés en gros morceaux
250 mL	(1 tasse) de lait
	poivre, au goût
	persil frais haché *ou* ciboulette

Égoutter le saumon et réserver le jus. Y ajouter du bouillon de poulet pour obtenir 750 mL (3 tasses) de liquide. Verser ce liquide dans une casserole, puis incorporer les petits cubes de pommes de terre et amener à ébullition. Ajouter les poireaux, couvrir et faire mijoter 15 minutes sur feu doux, ou le temps nécessaire pour cuire les légumes.

Défaire le saumon en morceaux et l'ajouter aux légumes, en prenant soin d'ôter la peau gris foncé. Verser le lait en remuant doucement. Laisser 5 minutes sur feu assez doux pour marier les arômes et bien chauffer tous les ingrédients. Poivrer au goût. Servir bien chaud et garnir de persil ou de ciboulette. *Pour 6 personnes*

Chaudrée du Québec

1	boîte de palourdes (284 mL / 10 oz)
¼	tasse de bacon, coupé en cubes
½	tasse de pommes de terre, coupées en dés
1	tasse d'oignon, haché
¼	c. à thé de thym
1	boîte de tomates (795 mL / 28 oz)
½	c. à thé de sel
375 mL	(1½ tasse) de lait très chaud

Égoutter les palourdes, en réservant le jus. Cuire le bacon, ajouter les pommes de terre, l'oignon, le sel et le thym.

Couvrir et laisser cuire, à feu doux, pendant 25 minutes. Ajouter la boîte de tomates et le jus des palourdes. Couvrir et laisser mijoter environ 20 minutes. Juste avant de servir ajouter les palourdes et réchauffer.

Chaque convive peut ajouter du lait très chaud, au besoin.

Gaspacho

Garniture

454 g	(1 lb) de poisson cuit, en morceaux (morue, aiglefin, sole, sébaste)
1	tasse de croûtons à l'ail
1	tasse de concombre pelé, épépiné et haché

Soupe

2	concombres moyens, pelés, épépinés et hachés
4	tomates moyennes, pelées, épépinées et hachées
1	poivron vert, épépiné et haché
1	gros oignon, haché
2	gousses d'ail, écrasées
3	brindilles de persil
85 mL	(⅓ tasse) d'huile d'olive
85 mL	(⅓ tasse) de vinaigre de vin blanc ou rouge
750 mL	(3 tasses) de jus de tomates
1	c. à thé de sel
¼	c. à thé de sauce Worcestershire
¼	c. à thé de sauce Tabasco

Préparer et combiner les légumes pour la soupe. Dans un grand bol, mélanger l'huile d'olive, le vinaigre, le jus de tomates et les assaisonnements. Ajouter les légumes et mariner 1 ou 2 heures.

Régler le mélangeur électrique à vitesse lente et réduire en purée épaisse pendant 10 secondes. Verser dans une soupière, couvrir et refroidir.

Pour servir, garnir le tour de la soupière de morceaux de poissons, de croûtons à l'ail et de concombre haché lesquels serviront de complément à chaque portion. (À déguster froide.)

Gibelotte

1	kg	(2 lb) de poissons des chenaux
454	g	(1 lb) de pommes de terre, coupées en tranches
454	g	(1 lb) d'oignons blancs
1		carotte, râpée
113	g	(¼ lb) de lard salé
1		c. à soupe de beurre
		persil, thym, sel

Étêter, vider et laver les petits poissons.

Faire fondre le beurre dans une marmite, y faire dorer le lard coupé en cubes. Couvrir d'un rang d'oignons, d'un rang de pommes de terre et de carotte râpée. Alternez les rangs jusqu'à épuisement des légumes. Ajouter les assaisonnements.

Mettre de l'eau pour couvrir les légumes et cuire à couvert, environ 15 minutes. (Les légumes doivent être légèrement croustillants.)

Ajouter ensuite les poissons et cuire 10 minutes de plus.

Servir bien chaud dans des assiettes à soupe, saupoudrer de persil frais haché.

Potage au crabe

3	oignons verts, hachés
	quelques feuilles de céleri, hachées
1	poignée de persil frais, haché
2	c. à soupe de beurre
340 g	(12 oz) de crabe des neiges, en conserve ou congelé
	sel et poivre
¼	c. à thé de romarin séché
875 mL	(3½ tasses) de lait chaud
2 à 3	c. à soupe de crème 10%
	ciboulette, hachée

Dans une casserole, faire revenir les oignons, le céleri et le persil dans le beurre quelques minutes, sans les dorer.

Ajouter le crabe des neiges égoutté (réserver le liquide), assaisonner de sel, de poivre et de romarin séché. Cuire quelques minutes.

Verser le lait chaud et le liquide du crabe, mêler et réchauffer environ 12 minutes sans bouillir. Vérifier l'assaisonnement.

Au moment de servir, ajouter la crème. Saupoudrer de ciboulette et garnir d'un morceau de pince de crabe.

Servir avec des biscottes ou des croûtons au fromage.

Soupe moderno-rapido

1		sachet de soupe aux poireaux
750	mL	(3 tasses) d'eau
2		oignons verts, tranchés
2		petites pommes de terre, coupées en petits cubes
¼		c. à thé d'aneth, séché
1		boîte de saumon (220 mL / 7¾ oz)
125	mL	(½ tasse) de crème sure

Dans une casserole moyenne, fouetter ensemble l'eau et la soupe en poudre et amener à ébullition. Ajouter les oignons verts, les pommes de terre et l'aneth, puis le saumon, défait en gros morceaux, avec son jus.

Couvrir et laisser mijoter à feu doux environ 10 minutes pour marier les saveurs et cuire les cubes de pommes de terre. Remuer de temps en temps. Pour terminer, ajouter la crème sure et fouetter un peu pour l'incorporer. *Pour 3 ou 4 personnes*

Soupe au poisson

1½		tasse de poisson, au choix
4		c. à soupe de beurre
1		oignon moyen, haché
1		carotte, râpée
1		poireau, haché
750	mL	(3 tasses) d'eau bouillante
750	mL	(3 tasses) de lait
1		c. à soupe de persil, haché
75	mL	(¼ tasse) de crème 15%
1		c. à thé de sel
1		pincée de safran (facultatif)

Faire revenir l'oignon dans le beurre sans le faire dorer. Mouiller avec l'eau bouillante ; ajouter les autres légumes. Laisser reprendre l'ébullition, ajouter le poisson coupé en dés et les assaisonnements.

Laisser mijoter 25 minutes. Ajouter le lait, chauffer 5 minutes.

Au moment de servir, ajouter la crème.

Tranches de poisson avec beurre à l'ail

Pour cette recette, on peut employer le saumon, le flétan, la truite ou l'omble de l'Arctique.

1 kg	(2 lb) de tranches épaisses de poisson
	rondelles de citron
¼	tasse de beurre
3	c. à soupe de jus de citron
2	gousses d'ail, écrasées
1	c. à soupe de sauce Worcestershire
½	c. à thé de sel d'ail
¼	c. à thé de poivre

Disposer les rondelles de citron dans une casserole beurrée, et y déposer les tranches de poisson. Mêler le beurre avec le jus de citron, l'ail et les assaisonnements et étendre généreusement sur le poisson.

Placer sur un barbecue à capuchon et bien fermer. Cuire 30 minutes pour des tranches très épaisses.

Thon au cari

⅓	tasse d'oignon, haché
¼	tasse de poivron vert, haché
1	gousse d'ail, écrasée ou hachée fin
2	c. à soupe de beurre
250 mL	(1 tasse) de crème sure
1	c. à thé de poudre de cari
¼	c. à thé de sel
1	pincée de poivre
1	boîte de thon (220 mL/7¾ oz)

Faire revenir l'oignon, le poivron vert et l'ail dans le beurre jusqu'à ce que le tout soit tendre mais non bruni. Ajouter la crème sure, le cari, le sel et le poivre.

Incorporer au mélange le thon en morceaux. Bien réchauffer et servir sur du riz. *Pour 4 personnes*

Truites farcies

4		petites truites
2		oeufs battus
½		c. à thé de sel
125	mL	(½ tasse) de vin blanc
4		c. à soupe de farine
¾		tasse de chapelure
¼		c. à thé de poivre
		tranches de citron, pour la garniture

Farce

1	tasse de crevettes, cuites
2	minces tranches de citron, hachées
1½	c. à soupe de beurre mélangé avec
2	c. à soupe de persil, haché

Nettoyer les truites en laissant la tête. Farcir avec les crevettes, le citron et le beurre persillé. Fermer le poisson avec des cure-dents. Assaisonner de sel et de poivre.

Passer les truites dans la farine, dans les oeufs battus, et dans la chapelure. Placer dans une casserole bien graissée et allant au four; parsemer de noisettes de beurre. Cuire 20 minutes à 230° C (450° F). Arroser fréquemment avec le jus de cuisson. Ajouter le vin 5 minutes avant la fin de la cuisson. Garnir de tranches de citron. *Pour 4 personnes*

Turbot à la bourguignonne

1	turbot de 1 kg à 1,5 kg (2 lb à 3 lb)
	sel et poivre
18	petits oignons, glacés au beurre
18	champignons, moyens
125 mL	(½ tasse) vin rouge
2	c. à soupe de beurre manié

Saler et poivrer le turbot, le poser dans un plat beurré en le garnissant de petits oignons glacés au beurre et d'autant de champignons. Mouiller avec du vin rouge, couvrir et cuire au four à 180° C (350° F), de 20 à 25 minutes.

Poser délicatement le turbot sur un plat de service, entourer de la garniture et napper avec le fond de cuisson réduit, passé et lié avec le beurre manié.

Turbot Dugléré

1	kg	(2 lb) de filets de turbot, congelés
¼		c. à thé de sel
¼		c. à thé de poivre
½		tasse d'oignon, finement haché
4		tomates pelées, épépinées et coupées en dés
2		c. à soupe de persil haché
¼		c. à thé de thym
200	mL	(¾ tasse) de vin blanc sec
		crème 10%
2		c. à soupe de beurre
2		c. à soupe de farine
		riz cuit, chaud et persillé

Faire décongeler le poisson seulement jusqu'à ce que les filets se séparent. Les disposer dans un plat beurré peu profond et allant au four. Saler et poivrer. Saupoudrer avec les oignons hachés, les tomates, le persil et le thym. Ajouter le vin, couvrir le plat et faire cuire au four à 230° C (450° F), pendant 30 minutes ou jusqu'à ce que le poisson s'émiette facilement. Verser le liquide de la cuisson dans une tasse à mesurer de 454 mL (16 oz). Ajouter assez de crème pour faire 500 mL (2 tasses) de liquide. Couvrir les filets et les garder chauds.

Dans un poêlon, faire fondre le beurre et ajouter la farine en mélangeant. Ajouter le liquide graduellement. Faire cuire en brassant sans arrêt jusqu'à ce que la sauce épaississe. Faire égoutter le jus qui s'est accumulé autour du poisson et recouvrir de la sauce. Servir avec le riz. *Pour 6 personnes*

Turbot en sauce au fromage

1	kg	(2 lb) de filets de turbot, congelés
2		c. à soupe de beurre
¼		c. à thé de sel
¼		c. à thé de poivre
75	mL	(¼ tasse) de jus de citron
2		c. à soupe de beurre
3		c. à soupe de farine
1		pincée de sel
1		pincée de poivre
1		pincée de muscade
1		c. à thé de moutarde en poudre
250	mL	(1 tasse) de lait
1		tasse de fromage cheddar, râpé
½		tasse de mie de pain

Faire décongeler le poisson jusqu'à ce que les filets se séparent. Mesurer la partie la plus épaisse des filets. Les disposer côte à côte dans un plat peu profond allant au four, préalablement beurré. Garnir de 2 c. à soupe de beurre et saupoudrer de sel et de poivre. Arroser avec le jus de citron. Couvrir le plat et faire cuire au four à 190° C (375° F) jusqu'à ce que le poisson s'émiette facilement. Il faut compter 20 minutes de cuisson par 2,5 cm (1 po) d'épaisseur. Faire égoutter le liquide de la cuisson en réservant 125 mL (½ tasse).

Dans un poêlon, faire fondre 2 c. à soupe de beurre. Ajouter en mélangeant, la farine, le sel, le poivre, la muscade et la moutarde en poudre. Ajouter petit à petit le lait et le liquide de la cuisson. Faire cuire en brassant sans arrêt jusqu'à ce que la sauce épaississe. Ajouter le fromage et brasser jusqu'à ce qu'il soit bien fondu dans la sauce. Recouvrir le tout avec la sauce. Saupoudrer

avec la mie de pain et cuire au four à 190° C (375° F),
pendant 15 minutes, jusqu'à ce que le dessus soit légèrement doré. *Pour 6 personnes*

Vol-au-vent à la française

---

454 g	(1 lb) de filets (morue, aiglefin, sole, turbot ou autre)
170 g	(6 oz) de crevettes, en conserve ou fraîches
125 mL	(½ tasse) de vin blanc sec
375 mL	(1½ tasse) d'eau froide
¼	c. à thé de sel
	poivre

Décongeler légèrement les filets pour les couper en cubes de 2,5 cm (1 po). Combiner le vin, l'eau froide, le sel et le poivre. Ajouter le poisson et mijoter de 5 à 8 minutes. Égoutter en conservant 200 mL (¾ tasse) de bouillon.

Sauce

3	c. à soupe de beurre
¼	tasse d'oignon vert, haché
3	c. à soupe de farine
¼	c. à thé de sel
	poivre
170 mL	(⅔ tasse) de lait
200 mL	(¾ tasse) de bouillon

Faire fondre le beurre, ajouter en brassant sans arrêt l'oignon, la farine, le sel et le poivre. Ajouter graduellement le lait et le bouillon jusqu'à ce que le mélange épaississe. Combiner avec le premier mélange.

Réchauffer les timbales, couvrir de sauce et garnir de persil frais.

Index